法官手记

爱/恨/之/间

张世琦 著

辽宁人民出版社

图书在版编目（CIP）数据

法官手记．爱恨之间 / 张世琦著．—沈阳：辽宁人民出版社，2021.1（2023.11 重印）

ISBN 978-7-205-09962-6

Ⅰ．①法… Ⅱ．①张… Ⅲ．①案例—汇编—中国 Ⅳ．① D920.5

中国版本图书馆 CIP 数据核字 (2020) 第 183329 号

出版发行：辽宁人民出版社
地址：沈阳市和平区十一纬路 25 号　邮编：110003
电话：024-23284321（邮　购）　024-23284324（发行部）
传真：024-23284191（发行部）　024-23284304（办公室）
http://www.lnpph.com.cn
印　　刷：辽宁新华印务有限公司
幅面尺寸：145mm × 210mm
印　　张：9
字　　数：191 千字
出版时间：2021 年 1 月第 1 版
印刷时间：2023 年 11 月第 3 次印刷
责任编辑：娄　瓴
封面设计：琥珀视觉 - 高鹏博
版式设计：白　咏
责任校对：耿　珺
书　　号：ISBN　978-7-205-09962-6
定　　价：36.00 元

序

每个人的一生都可以写出一本书，我也不例外，但我不想写自传。因为我年纪大了，所剩时间不长，要抓紧时间写人间百案。1979 年至 2008 年，我在辽宁省高级人民法院当法官。审理案件是我这一生的主要工作，我就想把我审理过的和在当法官期间了解到的案件，挑选一些写出来。让人们知道，在中国大地上，曾经发生过这样一些案件。

我们审理的每一起刑事案件，都有公安机关的侦破卷宗、检察机关的审查起诉卷宗、中级人民法院的一审卷宗。因此，我有条件接触案件的全部真实情况，这使我写这套书有取之不尽、用之不竭的素材。

我写案件就想平铺直叙，就像用录像机把案件的发生、发展、结局录下来给人看，不想为了吸引读者而人为地编造曲折情节，因为这会损坏案件的“原汁原味”。至于案件能反映出什么问题，仁者见仁，智者见智，要由读者自己去感悟。尽管每案之后有一句警语，那也只是从一个角度发出的一家之言。

大千世界，无奇不有。书中有些案件很离奇，貌似虚假，例如发生在大连地区的“孙长太挥泪杀母”案等。对这样的案件，我都详细写明了发案的具体地点和当事人的真实姓名，以便有兴趣的读者核查。有的案件，涉及当事人的名誉、隐私，为了不侵害他们的权益，不给他们的亲属带来不好影响，也为了避免产生不必要的麻烦，对他们的姓名做了必要处理。

书中讲述的都是发生在人们身边的普通案件。我认为，能绊倒人的石头不在于大小，小石头更有危险性；能启人警醒的案件也不在于大小，小案件也能反映出大道理。

我已退休多年，我写的这些案件也离我们逐渐远去，但对人们仍有警示意义。根据案件内容的不同，这套书分《爱恨之间》《不义之财》和《法不容情》三本，共计159件案件。这些案件就像隆隆作响的暮鼓晨钟，告诉人们：清醒吧，警惕吧。须知：一分警惕，十分安全；一分麻痹，十分危险。

张世琦

2019年3月19日写于沈阳

目录

机关大楼疑案

在沈阳市太原北街2号辽宁省人民政府机关大楼里，发现一具腐烂的女尸。

在这座大楼里，有辽宁省人民政府的厅、局、委、办等几十个大大小小的机关。门口24小时有全副武装的武警战士站岗守卫，一辆辆各式各样的轿车川流不息。在这样一个戒备森严的大楼里发现女尸，立刻在全沈阳市引起爆炸性轰动。你能想到吗，在省政府机关大楼里还能出现杀人案，谁干的?

女尸是这样被发现的：那天是7月4日，上午9点多钟，楼里的一个水暖工走进五楼的电梯机房，闻到一股恶臭的气味，随后就看见地上躺着一具一丝不挂的女尸。公安机关接到报案后，立即派出刑侦技术人员赶到现场进行勘查。

女尸已经高度腐烂，面目全非，一堆堆数不尽的蛆虫在尸体上蠕动，一根铁丝紧紧地拧在女尸脖子上。根据尸体腐烂的程度可以判断，死者是在10至15天前死亡的。根据牙齿判断，死者的年龄在16至17岁。法医经过鉴定认为，死者是被掐昏或者打昏以后，在脖子上勒上了铁丝窒息而死。

这个电梯机房可能是原始现场，也可能是罪犯移尸至此。

沈阳市公安局对这起案件进行分析，大家经过周密思考认为，很可能是由一起奸情引起的凶杀案件。从现场与被害人之间的联系来看，作案人对现场比较熟悉，并且跟死者可能有某些瓜葛因无法摆脱而杀人灭口。公安机关确定了这样的侦破方案：打破以往的先查找尸源的模式，决定查找尸源与调查工作同时进行，这样不至于因为尸源一时难以查清而影响及时破案。

太原北街 2 号院内的机关多，人员杂，不仅有单身住宿的工作人员，还有近百人的工程维修人员。楼内大大小小的单位几十个，有接近两千人在这里工作。要在这里查找犯罪嫌疑人，无异于大海捞针。但侦破人员没有畏缩，兵分几路，展开了紧张的侦破。在大院外的侦破人员，马不停蹄地奔波走访；在大院里的侦破人员，逐个房间调查摸底，了解线索，然后一个个排查登记。

在调查中有人反映，辽宁省林业厅的贺信忠有嫌疑，前一段时间曾经有个十七八岁的姑娘，多次来找他，自称是他的外甥女，这几天没来，那姑娘的长相、身材、年龄与死者相仿。

还有人反映，贺信忠的外甥女，打扮妖艳异常，多次到贺信忠的宿舍，至少见到过七八次，最近却见不到这个姑娘了。

刑侦小组请示上级和有关部门后，立即询问贺信忠："你有个外甥女多次来找你，有此事吗？"

"她不是我的亲外甥女，是在一次画展中认识的。她要跟我学绘画，只来过三次，每次只待十来分钟就走了。"他不解释还好，越解释越显得欲盖弥彰。他脸上冒汗，神情不自然，刑侦人员觉得这里大有文章。

贺信忠的回答与人们反映的情况至少有以下五点不同：一是贺信忠说，这个女孩儿不是亲外甥女，人们却反映，贺信忠曾向人们介绍过说是他的亲外甥女；二是贺信忠说她只来过三次，人们却反映至少见过七八次；三是贺信忠说，每次来，她待了十来分钟就走，人们却说，每次来，都待了很长时间；四是刑侦人员问贺信忠，这个姑娘叫什么名字，贺信忠支支吾吾没答出来，如果是亲外甥女，不应该不知道名字；五是这个女子经常来，最近一段时间却突然不见。据此，刑侦人员将贺信忠列为重大嫌疑人。

在调查中，有位独身工作人员反映，在6月25日那天晚上，他和同事们在看电视，半夜里好像听到远处传来一个女人的呼救声，不一会儿，又听到走廊里传来慌乱的脚步声。他们推门一看，走廊里的灯突然被人关掉，而隔壁住的就是贺信忠。

还有人反映，前些日子，在一楼的电梯旁看见一男一女在谈话，那女的打扮妖艳，不像机关里的人。男的表情严峻，女的却嬉皮笑脸。他俩既不像父女关系，也不像上下级关系。后来，提供线索的人在餐厅里认出了贺信忠就是那天在电梯旁和那个女人说话的人。

7月9日，贺信忠的妻子从本溪来看他。贺信忠绝望地对妻子说："我随时都有被公安机关逮捕的可能。"他妻子劝他："你尽量找到那个姑娘，不就可以避免公安机关的怀疑了吗？"贺信忠说："那个女孩儿不能来了。"话音刚落，他突然发现自己说走了嘴，又连忙说：“我也不好找，单位也不能给我假。”

刑侦人员开始询问贺信忠，他装疯卖傻，既不介绍他的所谓的外甥女的体貌特征，又不讲他所谓的外甥女的住处。他的惊慌心理和虚伪言行没有逃过刑侦人员的眼睛。

为了让犯罪嫌疑人进一步暴露自己，刑侦组有意先放出风声，说尸源已经找到。贺信忠知道这一情况后，急得如同热锅上的蚂蚁，四处探听消息。其异常表现使刑侦组作出决定，要正面审查他。

刑侦人员找到贺信忠，问：“你知道你们这个大楼里发生什么案件了吗？”

“知道。听说在这大楼里发现一具女尸。”

“你知道我们是干什么的吗？”

“知道，是侦破这起案件的？”

“你知道我们为什么找你吗？”

贺信忠不言语。刑侦人员说：“你怎么不说话？难道你不知道我们为什么找你吗？”贺信忠仍然不言语。刑侦人员步步紧逼，说：“我们没有证据不会找你，不会在你身上耽误时间。”

贺信忠脸上开始冒汗，他想镇静，镇静不下来，想不慌张，但控制不住，他自己觉察到自己开始哆嗦。对刑侦人员的许多问话他实在答不上来，最后只好如实交代自己的犯罪事实。

贺信忠由于会画画，从本溪市被调到辽宁省林业厅，组织上本想让他在宣传方面为辽宁的林业发展做出贡献，他到这以后，也确实下定决心，要好好工作，但光想好好工作不行，在思想上必须能抵御不良诱惑，不走错路。他没有这个思想准备，没有这方面的警惕。

有一天他到商店买鞋，站在柜台前挑选时有个十七八岁的姑娘凑到跟前，指着柜台里一双女式凉鞋对他说：“这双鞋挺好，我没带钱，你给我买一双呗？”

贺信忠看看这姑娘，十分俊俏，打扮时髦，也不像精神有什么问题，就对她说：“我也不认识你啊。”这个姑娘把嘴一撇，说：“哼，这么大的年纪了，这点事儿都不明白。”然后压低了声音说：“你给我买一双鞋，我还能对不住你啊！我会随你的便，咋的都行。”经过这位姑娘的“点化”，贺信忠明白了：“啊！我要走桃花运了。”

思想健康的人不会搭理这样的人。可是，苍蝇不叮无缝的蛋，贺信忠没有抵御住不良诱惑，再加上他从本溪市调到沈阳，和妻子两地分居，下班后寂寞难耐，认为如果有个姑娘做伴，也是一件很不错的事。他看看这双鞋的价格也不贵，犹豫了一会儿就慷慨解囊，为她买下了。从这以后，他俩就建立了一种特殊关系。

俗话说：“要想一天不舒服，早晨就喝点酒，这天就会昏昏沉沉；要想下半辈子不舒服，就搞婚外恋，对方会搅得你不得安宁。”从这天起，贺信忠开始了婚外恋，也是从这天起，他就再没有安宁过。

这姑娘叫王婷娜，是沈阳市皇姑区华山路的一个无业青年，别看她年龄不大，流氓、诈骗却很在行。

太原北街 2 号的大院虽然把守严密，但院内大楼后面的单身宿舍，有的亲属来了，门卫经过盘问以后，或者经过院内工作人员迎接，也是允许进院见面的。贺信忠与王婷娜从这以后，以“舅舅”与“外甥女”的关系掩人耳目，王婷娜进院并不困难，他们频繁来往。

王婷娜很会“钓鱼”，她不是一开始就张开血盆大嘴“咬人”，而是像臭水坑里的蚊子，先把贺信忠“叮上”，然后再慢慢吸他的血。刚开始的几次，王婷娜只是跟他玩，三五次之后，就开始跟他借钱，有借不还。从 10 元、20 元逐渐加码，贺信忠如有怠慢，她便以向组织告发相要挟，弄得贺信忠进退不得，只好乖乖地被牵着鼻子走。

贺信忠是个普通公务员，工资不多，他在这里住独身，花销大，本溪市的家里还有妻子和孩子，需要他往家邮工资，不管是在经济上还是时间上，他都陪不起王婷娜，而王婷娜钱花光了就到他这里来借。贺信忠被纠缠得脱不开身，痛苦不堪。后来有个偶然机会，他被派到成都去参加一个会议。那里是天府之国，秀丽的山光水色使他忘却了与王婷娜的纠葛。他感到了轻松，感到了没有婚外恋的自由与无忧。会议结束之后他还得回来，就在他回到沈阳的第二天，王婷娜竟然找上门来。

这天晚上 9 点多钟，贺信忠正在看电视，王婷娜扭着身子推门进屋。她的到来使贺信忠感到十分突然。他烦躁不安，没好气地说：“你怎么不打招呼就来了？以后你别再往这个院子里来了。”

王婷娜冷笑一声：“哈哈，我告诉你吧，我怀孕了，你说咋办？”

贺信忠一听，脑袋嗡地一下子就像要炸开一样，说：“那，那也不是我的。”

“哼，不是你的？我说是你的就是你的，你给我一笔钱，咱俩一刀两断。”说着，她竟然脱下外衣外裤，死皮赖脸地要在这里留宿。

其实，王婷娜并没怀孕，只不过是想借此讹几个钱。

王婷娜知道，贺信忠所在的单位是省政府的大机关，他的丑事如果被单位知道，很可能会被开除，这就是贺信忠的“软肋”。王婷娜以自己怀孕为名跟他要钱，他不敢不给，如果不给，就以向他的组织告发相威胁，他就会老老实实地往外掏钱。王婷娜十分得意。

而贺信忠呢，实在应付不了王婷娜。她今天借钱，明天借钱，光借不还，没完没了，不仅胃口越来越大，还不断往他的工作单位里来，容易给他造成不好影响。怎么处理呢？跟她断又断不了。婚外恋就像一块油污，不小心沾上了，去也去不掉，洗也洗不清。

贺信忠沾上了婚外恋，走投无路。他认为，摆在面前只有两条路：一个是任凭丑事败露，被单位开除；另一条就是把王婷娜杀死。他左思右想，认为公安机关破案，免不了要靠指纹、血迹、足迹、毛发等，如果杀死王婷娜不留这些痕迹，不给公安机关破案留下蛛丝马迹，就不会落入法网。他决定铤而走险。

王婷娜面临杀身之祸却全然不知，安安稳稳睡大觉。

到了深夜 11 点多钟，贺信忠起床推开门，假装出去上厕所，然后登上五楼，他知道这里有个电梯机房，多年闲置不用，他到这里看了一看，由于楼里正在维修，电梯机房的门虚掩没上锁，他在这儿捡了一根铁丝拿回来，进了寝室，走到王婷娜身边，趁她熟睡之际，伸出双手，狠命地掐住她的脖子。王婷娜的手脚乱蹬，嘴在喊，贺信忠朝她头部、脸部打了几拳，随后又继续掐她脖子，不让她出声，直至将其掐死。随后，他用捡的那段铁丝勒住王婷娜脖子上，料定她必死无疑，这才放心。随后，他把王婷娜的尸体背到五楼电梯机房，然后关门离开这里。他回到寝室检查一下，觉得没留下任何蛛丝马迹，至于能否落入法网，能否受到法律制裁，那就听天由命吧。想到这儿，他安心入睡了。他万万没想到，现场没留蛛丝马迹公安机关也能迅速破案。

婚外恋，有灾难。

枯井惊魂

大连市辖区内有个庄河市，这里的明阳乡农民李中汉在山坡放牛。山坡上有一眼井，井边的枯草比较多，有两头牛来到井边吃草。他怕牛掉井里，跑过来把井边的牛赶走。赶完他随便往井里看了一眼，这一看吓一跳，原来井里有具女尸，散乱的长发与水面的枯草败叶漂在一起，女尸身上的红衣服清晰可见。

这天是 11 月 24 日。公安机关接到报案，立刻派警员赶到现场。尸体被打捞上来，尸体的头部有伤口，从伤口上流淌的血迹可以判断出死者是他杀。

作案人是谁？死者是谁？为什么在这里被害？公安机关详细勘查了现场，现场没留下凶手的足迹、指纹、血迹等有价值的东西。公安机关在近期也没接到有人失踪的报案。训练有素的公安人员判断：被害人的尸体在这荒郊野外的水井里出现，这里很可能是作案的第一现场，而被害人能来到这里，一定是凶手使用了欺骗等手段把她哄骗到这里，然后杀害的。这说明，被害人应当认识凶手。可是，被害人已经死亡，尸体长时间被水浸泡，已经变形，不可能说话。为了迅速抓到犯罪嫌疑人，人们多么希望死者能张口说话，即使不说多，只要能说出凶手的姓名和住址即可。

公安人员从尸体身上的衣兜里翻出一个紫色的人造革钱包，里面除了有几十元之外，还有一张字条。字条虽经水泡，但上面的字迹仍然清晰可见：大连庄河市明阳乡高山村田跃山。

有了这张字条，公安人员判断：田跃山即使不是犯罪嫌疑人也是知情者，当天就把他带到了公安机关。

田跃山一直弄不明白：他一人作案，没人知道，警察刚从井里捞出尸体，怎么就从茫茫人海里把他揪出来了呢？难道是采用了什么现代化的刑侦技术？

做贼心虚，自己干了什么事自己最清楚。田跃山一被带到公安机关就浑身发抖，脸上冒汗，说话语无伦次。他故作镇静，但控制不了，跟公安人员几个交锋就败下阵来。他不得不如实供出了杀人原因和犯罪经过。

这个被害少女叫郑玉芝，18 岁，家住辽宁省本溪县南甸乡，她初中毕业后就一直在家务农。春季的一天中午，田跃山来敲她家门。她父亲开门问有啥事，田跃山说："大叔，我是大连地区庄河市明阳乡高山村基建队的，咱在这附近施工，想租你家两间房子住，你看行不行？"

对陌生人来敲门，郑玉芝的父亲警惕性很高，不说出租也不说不租，只是问他："有身份证吗？"

"有。"田跃山没拿出身份证，却从上衣兜里掏出一张介绍信。介绍信上盖了两个印章，一个是辽宁省庄河市明阳乡人民政府的，另一个是明阳乡高山村村民委员会的。郑玉芝的父亲仍然不放心，又端详一下眼前这个人：中等身材，三十来岁，手大、纹缕粗，确实像庄稼人。郑玉芝的父亲经过与他讨价还价之后，同意把闲着的三间西厢房租给他们，租金按日计，基建队工程竣工后付房租。

第二天，一支九个人的基建队就住进了郑家的西厢房。后来郑玉芝的父亲才知道，头一天来租房的人是炊事员，叫田跃山，31 岁。他每日只管买米、买菜、烧火做饭，另外八个人天天到工地干活儿。日复一日，基建队的人渐渐与房东家混熟了，并且相处很好。

18 岁的郑玉芝是个高个子胖姑娘，再加上两根垂到后腰的长辫子，常常引起那些远离妻子、长年在外的民工们的注意。

民工们生活单调、寂寞，天亮而出，入夜而归，吃完晚饭想看电视都看不到。他们除了打扑克、玩麻将之外，有时也集体买几张电影票到几里之外乡里的电影院看电影。

有一次，田跃山买了 9 张电影票，但基建队有个人身体不舒服，不愿去，就把剩下的这张送给了郑玉芝，郑玉芝很感激。过了些日子，基建队又一次集体去看电影，郑玉芝问田跃山："田叔，还有电影票吗？""有！跟我们去吧！"这一次，基建队的人都去了，根本没有多余的，到了电影院，田跃山拿出一张票面为 50 元的新币递给郑玉芝，说："你自己去买一张吧。"郑玉芝买到后，把剩下的钱退给田跃山。田跃山接过来，给每人买了一支雪糕，当然也有郑玉芝的份。

田跃山是个炊事员，不到工地干活儿，和房东家接触最多，而郑玉芝在家常常跟田跃山聊天。郑玉芝问："你们整天这么干，一年能挣多少钱？"

田跃山趁机炫耀："两三万吧。"

"挣那么多钱！"

田跃山说："这还不算多呢！我堂弟在大连是个包工头，一年能挣十几万！"农民郑玉芝对他们很羡慕，他俩的关系也随着时间推移逐渐亲密。

夏末秋初，郑家烀一锅新苞米想给基建队送点，但基建队人多，送不起，郑玉芝的父亲就告诉田跃山："咱苞米地就在房后不远，你们想吃苞米，就自己去掰。"

第二天，郑玉芝领田跃山到苞米地掰苞米时，田跃山起了淫心，花言巧语把郑玉芝好一顿哄。田跃山知道郑玉芝没结婚，也没订婚，并且羡慕城里生活，喜欢有钱人，就骗她说："我堂弟今年才 25 岁，没有对象，他想挣点钱在大连买房，以后有机会我给你介绍介绍，说不定你们有缘分。如果你俩能成婚，我得跟你叫弟妹了。"田跃山边说边动手动脚。郑玉芝在甜言蜜语中上当了，没好意思拒绝，终于成了田跃山的猎物。

基建队在郑家住了 7 个月，到 10 月中旬，基建队因为工程竣工而离开了郑家回庄河。临走时，又是由田跃山出面与郑玉芝的父亲告别，他说："大叔，实在对不起，我们工程竣工了，但工钱得下月初才能拿到，欠你们的房租也只好等那时我给你们送来。"

"好说，好说。"

田跃山掏出那份介绍信，又写了一张房租欠条，一起交给了郑玉芝的父亲。

过不长时间，郑玉芝惊恐地发现自己怀孕了。怎么办？

向父母讲吧，怕挨打受骂；找田跃山吧，他回庄河了，数百里之遥，去找他，一两天回不来，怎么向家里人说呢？她苦闷、后悔、流泪。有话说不出是最痛苦的事，她无可奈何，只好听任事情自然发展。

到了该送房租的时候，田跃山他们仍然不给送来。郑玉芝的父亲气得骂起来："这群瘪犊子，扔下一张欠条就走，不给房租，连个电话也不来，看来得去跟他们要了。"说着，翻出田跃山留下的欠条和介绍信，看看所留地址明确，签字清楚，就又放心地放进了书桌的抽屉里。

郑玉芝看见了，趁父亲不在家，拿出一张纸，偷偷地翻出欠条和介绍信，记下了这么几个字："大连庄河市明阳乡高山村田跃山。"写完，把这张纸叠好，夹到一个紫色人造革钱包里，准备按这个地址去找田跃山。

11 月 21 日，郑玉芝揣着钱包，孤身一人，不远数百里来到庄河市，按照字条上写的地址和姓名找到了田跃山家。田跃山见到她十分吃惊，料到大事不妙，就主动向爱人介绍说："这是我们在本溪县干活时房东家的女儿。"接着，他又表面上问郑玉芝，实际上是在告诉他爱人："是来要房租的吧？真对不起，本溪县那边一直没给工钱，我们也一直没去要，一晃就过去挺长时间了。"

他不等爱人和郑玉芝说话，总是抢先说，唯恐郑玉芝说出不可收拾的话来。他对爱人说："本溪县这家房东对咱可好了，今天她来，真是稀客，你快到商店买点儿菜。"

他把爱人支走，就想盘问郑玉芝。没等他张口，郑玉芝就告诉他自己怀孕了，让他帮助想办法。其实，田跃山见她来，已料到七八分。因为如果是要房租，应该由她父亲来，一个没出过远门的农村姑娘，事前不打招呼，突然就来到他家，必定另有原因。

田跃山一边稳住她，一边用话一点一点地问出他想知道的一切。

“你是今天从家里出来的？”

“吃完早饭就出来了，走了一天。”

“就你自己？”

“我谁也没告诉，是偷着跑出来的。”

“你不告诉父母不对，他们不知道你上哪儿去了，肯定要四处找。”

“那也没办法，我要说上这儿来，怎么开口呢？”

“就说要房租呗！”

“他们不会让我来的。”

“那你回去怎么向父母交代？”

郑玉芝低头不语。田跃山说：“你先在这儿住几天，我再慢慢想办法。但你得给家里人打电话，告诉你在这儿，要不，家里会四处找你的。”

“别挂了，这事一传出去就弄大了。家里找几天找不到也就拉倒了。我心想你领我打完胎，让我和你大连的堂弟见见面，或者在这儿帮我找个对象，我不回去了。再说，我也没脸回去呀！”

两人说着话，时间过得很快，田跃山觉得爱人快回来了，就对她说：“你婶买菜快回来了，这事儿别对她讲，你先在这儿住几天，我帮你想想办法。”

“看你说的，我又不是傻子，能跟她讲这事吗！”

田跃山心里明白，这事儿即使今天不说，也瞒不了多长时间。经过简短的几轮问答，田跃山从幼稚的郑玉芝口中探明了他要知道的情况：郑玉芝孤身一人离家出走，其去向无人知晓。正所谓“要知心中事，须听口中言；不怕他不讲，就怕不会探”。郑玉芝到底是年轻，斗不过田跃山，她被探明了底细还毫无察觉。被恶人探明底细是很危险的。田跃山根据查明的情况，再去想办法，想个既能瞒住所有人，不使丑闻败露，又能把郑玉芝安排好的办法。

田跃山与郑玉芝本来无亲无故，只是偶然相识的。田跃山为了一时欢乐占有了她，他们之间并没有深厚的交往，有什么感情、信任可言！田跃山在走投无路的困境中想了个招儿，晚饭后郑玉芝去上厕所，他对爱人说：“一会儿我领她到另几个民工家走一走，别人家如果住得比咱这儿方便，就在别人家住也行，我们在本溪县的时候，人家父母待大伙儿都不错。”在院子里，田跃山又对郑玉芝耳语一番：“今晚我领你去大连，你到那儿跟我堂弟见见面，这事儿有可能成功。要成了，就在大连安个家吧。”

女人最致命的弱点就是听信男人的甜言蜜语。幼稚的郑玉芝信了。晚饭后，田跃山领她避开主要路口，向村南的小道走去。

“田叔，这山坡上有公路吗？”

“过了这山岭，那边有。晚上 11 点有去大连的班车。咱俩先在这儿溜达一会儿，10 点多钟再过山岭也来得及，过岭就是公路。”

11月下旬农村的野外，一片凋零，田野里光秃秃的，偶尔有几堆没运到村里的庄稼秸秆，在夜色中像几座丘坟。通向山坡的小道，布满了枯草败叶，踩在上面，就像踩着一层薄薄的地毯，没有声响。田跃山在前，郑玉芝在后，在夜色里，他俩沿着一条小道向南山坡走去。

田跃山说："咱到大连，找家医院打了胎，然后，我再领你跟我堂弟见见面。"

他俩沿着这条小道儿走到头，前面是个沟岔，田跃山说："时间还早，咱先坐一会儿，等到10点，咱俩再过山岭也不迟。"郑玉芝和他坐在草地上，欣赏着初冬农村的野外夜景：远处，有群山的剪影；近处，有几声鸟鸣，显得冬夜格外幽静、寒冷。在农村看夜空，天上的繁星特别多、特别亮。郑玉芝以为田跃山是在等时间，到点儿好过山岭；而田跃山确实是在等时间，但不是想过山岭，而是等夜深人静的时候好干他所要干的事。

"田叔，咱走吧，到山那边公路旁坐着，万一汽车过去怎么办？"

他俩站起来，向前走了20多米远，田跃山站住了，问："你真的怀孕了？不是骗我吧？"

"我怎能拿这个开玩笑呢？"

"你要真的怀孕了，我也没办法，只有一条路，这有一眼井，你跳下去吧！"

郑玉芝往身旁一看，真有一眼井。井里黑咕隆咚，就像吃人的虎口。她没害怕，以为田跃山跟她开玩笑。

这时的田跃山，往日和蔼可亲的样子没了，几分钟前那些温柔动情的话也不讲了，突然间就像发疯一样，抓住郑玉芝两根长辫子就往井里拖，并伴以拳打脚踢。郑玉芝如梦初醒，知道田跃山要杀人灭口了，大吃一惊，一边拼命挣扎，一边大呼“救命”。

然而，此时已是深夜，人们在熟睡中，声音在空旷的山野里回荡，没人听到，更没人来救助。天上的繁星在眨眼，月亮在旁观，一个弱小的孤身女子与一个强壮的男子汉在殊死搏斗。郑玉芝经拼命挣扎之后，终于跑开了，但只跑出六七步，就被田跃山从身后抛来的石块打倒，昏了过去。田跃山跑上去，把她抱起来扔进井里，随后就到周围去找石头，准备往井里砸，把她砸死在井里。

11 月下旬的野外井水，虽然没结冰，但冰冷刺骨，井中的郑玉芝被水一激，很快苏醒过来。她在井里挣扎着，手碰到了井壁，井壁是用碎石垒的，她攀着石缝，一点一点往上爬。水面离井口不到 2 米，当田跃山从远处把石头搬来时，郑玉芝已经从井里爬上来，站在井边浑身往下淌水。她没跑，也没再喊救命，因为她知道：要跑，跑不过田跃山，还得被他追上；要喊，在这荒山野地里，又是深夜，也没人能听到。她只好带着乞求的口吻对田跃山说：“田叔，咱们关系不是挺好的吗，我怀孕了，也没责备你。我现在太冷，你到旁边给我弄点干草，点着，让我烤一烤。”

她以为自己的处境越可怜，就越会换取田跃山的同情。然而她错了。田跃山根本不理这些，只一脚，就把她踹到井里。踹完，转过身把刚才捡来的那块大石头高高举过头顶，对准水中的郑玉芝头部，猛力砸下去。不知是没砸准还是没砸到要害部位，郑玉芝没被砸死，仍然在井里不停地扑腾。田跃山怕她再爬上来，就没到远处搬石头，而是捡起身旁一根树枝，站在井边，弯腰撅着屁股，往挣扎中的郑玉芝头上、手上乱捅。

这个场面，郑玉芝的父母无论如何也不会想到。此时此刻，他们正在家睡觉呢！

井里，哗啦哗啦的拨水声响了好一阵，后来就渐渐平静下来。田跃山不死心，恐怕郑玉芝不死再爬上来，又到远处一连搬来两块大石头，对准井里漂浮的身影，一块一块砸下去。

郑玉芝随着这两块大石头沉入了井底。田跃山在井边站了好一会儿，细细看，认真听，井里确实悄然无声；井边全是枯草，没留下任何异常痕迹；远处，隐约传来几声老鸹的哀鸣。他的罪行，只有天上的星星和月亮看到了，然而，它们都不会说话，不能证实。田跃山觉得，这事儿没有任何人知道，也没留下任何痕迹，彻底除掉了隐患，罪行永远不会败露，骗奸村女，致其怀孕的丑事也永远不会被人知道。他顺着来时的小路，脸带奸笑，回家睡大觉去了。

大连市中级人民法院认定田跃山犯故意杀人罪，判处刑罚。田跃山虽然受到法律的严厉制裁，但幼稚的少女郑玉芝的性命无法挽回，实在令人惋惜。

虚荣和轻信是女人最致命的弱点。

祸起娘家

贾芬是辽宁省瓦房店市许家屯镇人。有一天，她跟丈夫刘光吵架了。因为什么呢？是因为与公婆分家的事。

刘光跟贾芬结婚后，一直与父母一起生活。他认为，跟父母住在一起，可以得到父母的帮助，特别是有了孩子，父母会帮助照料，这可以减轻不少负担。

有利也有弊。小夫妻经常吵架，也给父母带来不少麻烦，搅得父母不得安宁，刘光的父母就想让他俩分出去自己过。这对小夫妻也有这种想法。于是他们分家了，还写了分家契约。

所谓分家，也没什么可分的。房子是大事，分家契约是这样写的：公婆拿出一些钱来资助刘光跟贾芬盖房子。

贾芬不同意，认为光资助钱财不行，应该分房子给他俩，因为另外盖房子不仅需要钱，也需要时间。她对公公刘庆丰说："我们分出去自己过，没房子，而你有八间房子，自己用不了，有些在那闲着不用，应该分给我们一部分。另外，你儿子往家娶媳妇，媳妇娶家来没房子住，让人家到外面去租房子，这也不合情理。况且，你只有一个儿子，将来你们两个老人老了，需要儿子赡养；你们将来不在了，你儿子有合法继承权。我们现在没有房子，这房子将来由你儿子继承，你就不如现在分出一部分给他。”讲得头头是道。

刘庆丰说：“你们结婚安家，我已经花了许多钱。这回分家，我也不是不管，我尽最大能力，再拿一些钱帮助你们盖房子，我做到这些已经很不容易了。你们现在都已经成年，我没有继续抚养的义务。至于我的那些房子，我得留着以后养老用。我把房子给你们了，将来我年老体弱，丧失劳动能力，经济没有来源，有病无钱医治，全靠你们也不行！”讲得蛮有道理。

各说各的理，都是为自己。公公不同意给房子，贾芬没法跟公公吵架，就跟丈夫干仗，说他窝囊，在家没地位，然后就抱孩子回娘家了。

夫妻闹矛盾很正常，但女人在闹矛盾时把战火引到娘家，这不好，聪明人没有这么干的。

这是1月15日，临近春节了。贾芬父亲也够糊涂的。他不仅认为贾芬跟丈夫吵架应该抱孩子回来住，还认为应该把衣服、被褥等生活用品都拿回来，因为这样生活方便。当天下午他驾车来到刘家，不容分说，把贾芬的陪嫁物品和全部衣服、被褥都装上车，临走时还说：“你们刘家不服软，这个问题就永远解决不了。你们看看咱谁怕谁！”真是唯恐天下不乱。

双方叫板：看看咱谁怕谁！他们都不怕矛盾升级，都不怕纠纷加剧。

春节就要到了，刘庆丰让儿子刘光到岳父家把媳妇和孩子接回来。刘光去了，没等贾芬说话，老丈人抢先说："咱是明白人，你接媳妇和孩子回家过年咱不反对，房子怎么分？"

"过完年咱慢慢研究。"

"你们研究明白了再来！"

刘光不灰心，还在磨叽。他岳父说了一个字"滚"，然后把他推出房门。

刘光被轰出来，怎么办？刘庆丰又找到刘光和贾芬的婚姻介绍人，让他领刘光再次到贾芬的父母那里，帮着把这件事处理好。

他们去后，贾芬的父亲说："他们老刘家想让儿媳妇和孙子回去过年，这简单，必须给四间房子。"条件明确，没有回旋余地。这一次仍然没把贾芬接回来。

2月1日，刘光一个人拿着礼品再次到岳父家，赔礼道歉，以求谅解，想把媳妇和孩子接回家过年。贾家的意见明确，就是要房子，一百个赔礼、一千个道歉也没用。贾家人人对刘光冷若冰霜，怒目而视。刘光又一次无功而返。

春节到了，刘光只好一个人跟父母在一起过。3月15日这天，刘光亲戚家办喜事，他去赶礼，随份子。几杯酒下肚，便讲起去岳父家接媳妇和孩子受到的冷遇。同桌的几个人说了一些不应该说的话，使走投无路的刘光产生一个可怕的念头：决定再次到岳父家接媳妇和孩子，如果贾家仍然干涉，就跟他们全家人鱼死网破，同归于尽！

他把斧子别在腰间，骑上自行车来到岳父家。你说，用这种方法能解决好问题吗？他进屋说明来意，贾芬因为没有父母发话，没说要跟他回家。他一看，不来硬的仍然会白来一趟，就把站在身旁的小儿子抱起来就走。

妻子贾芬、小姨子贾兰和岳母三人一齐上来阻拦，这几个人撕扯在一起。他小姨子贾兰操起屋内一个长柄木质鞋拔子，首先向他头上打一下，这一下立刻引燃“炸药包”，刘光从腰间拔出斧子，向这三人头上狂砍，他小儿子站在旁边吓得直叫。他岳父和邻居们赶到把他制服以后，他的媳妇、小姨子和岳母全被砍死。

悲剧发生后，不少人都说，小家庭发生纠纷，当媳妇的如果不跑回娘家，不把战火引到娘家，也许不至于发生这样的惨案。

夫妻吵架，不该把战火引到父母家。

草率害人

19 岁的姑娘康萍，家住辽宁省瓦房店市太阳升乡。她到附近的松树镇姨娘家串门，认识了姨娘家的邻居邴树林。邴树林比她大 3 岁，年纪相仿，长相一般，可是康萍看中他了，向姨娘问这问那，全都是关于邴树林的，只是没要求她姨娘做媒人。她姨娘明白其意，主动做媒，他俩真的恋爱了。

由于康萍喜欢邴树林，而邴树林知道自己各方面的条件都一般，也不挑剔，两人相识半个月就订婚了。在他们那个地方，订婚要比结婚登记隆重。这对恋人以及双方的父母和媒人大家聚到一起，摆上酒席，通过媒人，男方把聘礼、彩礼交给女方，康萍便成了邴树林的未婚妻，只等日后举行结婚仪式正式完婚。

一日康萍来到邴树林家，邴树林一人在屋。邴树林狂发一顿海誓山盟之后，就要发生性关系。康萍认为，已经订婚了，自己早晚是邴树林的妻子，二话没说，满足了邴树林的要求。

这一下可坏了，邴树林轻易得手，他感到奇怪：怎么这么容易就达到目的了呢？一个女人，轻易跟人上床，这是致命弱点，跟这样的女人结婚，婚后说不定会发生什么悲剧。从这天起，邴树林决定撕毁婚约。

撕毁婚约得有借口，他开始吹毛求疵，找茬儿，挑刺儿，用放大镜找毛病，用显微镜查瑕疵。无奈康萍对他百依百顺，找不出毛病。邴树林不想拖时间长了，就直截了当对她说："咱俩的婚事拉倒吧。订婚那天，你的父母跟我们要了一万元彩礼，这不是钱的问题，而是说，我们两个人的婚姻不能建立在金钱基础上。俗话说，一提钱，便无缘。我们家虽然给一万元，但这笔钱你们愿意返还就返还，不愿返还我们也不要了。婚姻问题沾上了钱，也就完蛋了，以后你也别到我们家来了。"

康萍感到突然，感到意外，说："这笔彩礼是你父母主动给的，不是我们要的。再说，给一万元也不多，你如果认为不应该给，可以返给你，你提出解除婚约的理由不充分。另外，我已经跟你有了那种事，我失去了贞操，不是处女了，以后我也没办法再嫁给别人。事已至此，我非你不嫁。"两人不欢而散。

康萍认为，邴树林这天可能心情不好，他不会撕毁婚约。过了几天，她又来了。邴树林劈头盖脸第一句就说："你来干什么！我已经不要你了。"康萍以为他开玩笑，说："你不要我，我要你，非你不嫁。"

康萍在这坐了一会儿，主动靠近邴树林，对他动手动脚，主动跟他发生性关系。康萍认为，这会缓和两人的紧张关系，殊不知事与愿违，这更加坚定了邴树林要撕毁婚约的决心。邴树林认为，视性问题如儿戏，性放荡的女人坚决不能娶。

发生性关系之后，康萍问他："你还生气吗？"

邴树林说："我没生气。"

"那为什么要跟我解除婚约？"

"我上次不是跟你说明白了吗。"

康萍十分惊讶，说："你行啊，说撕毁婚约就撕毁婚约，可是我已经不是黄花闺女了。我只能嫁给你。"邴树林不跟她谈论这个，拂袖而去，躲开她。康萍又坐了一会儿，自觉没趣就回家了。

过了些日子，她又来，她始终不相信邴树林会撕毁婚约。进屋时正好看见邴树林拿着镰刀往外走，问："上哪儿？"

"去割草。"

"我去帮你。"

邴树林开始对她吼起来："我已经告诉你了，我们之间解除婚约，你别再来了。我们给你家的聘礼、彩礼，都不要了。"

康萍说："你把我玩够了，说不要就不要了，有那么容易吗？我坚决不答应。"

"你愿意上哪告就上哪告。我们即使结婚，我也不能对你好，我们也得离婚。"

康萍继续说她已经不是处女了，没法再嫁给别人。邴树林不耐烦了，声色俱厉地说："你不是处女了，你自己有责任，怪你自己。我跟你发生性关系，我拿刀了还是拿枪了？我逼你了吗？你自己愿意，还想讹我！就你这种女人，轻易跟男人上床的贱货，我打一辈子光棍也不会娶你！"

康萍被指责说她自己有责任，对此她无言以对；她被骂是贱货，气疯了。她不再用语言跟邴树林辩论，就想扑上去挠他，但没敢，因为邴树林手里有镰刀。她转身跑进邴树林家的厨房，拿来菜刀，举起来就往他头上砍。只一下，立刻砍开一道口子，鲜血淌下来，淌到邴树林的脸上、脖子上。邴树林还在惊恐中，康萍又接连砍两刀。邴树林成了血人，康萍也不想活了，她用菜刀又砍自己的手腕，想割腕自杀。

邴树林没被砍死，手拿镰刀，他自己也说不清是反击还是阻止康萍自杀，反正是两个浑身是血的人扭在了一起。他们的声音惊动了四邻，人们赶到，把他俩送到医院抢救。幸好抢救及时，他俩都脱离了生命危险。经法医鉴定，邴树林是重伤。康萍被辽宁省瓦房店市人民法院认定犯了故意伤害罪，判处了刑罚，送进监狱改造。

终身大事，不能草率；轻易上床，自降身价。

婆媳之战

经常有人这样问男人："你母亲和媳妇同时掉进河里，你先救谁？"这仅仅是说着玩而已，生活中不会出现这样的事。可是，生活中可能出现这种现象：你的母亲跟你的媳妇吵起来，你是帮着母亲打媳妇呢还是帮着媳妇打母亲？

最亲莫如母子，最爱莫如夫妻。如果最亲的人跟最爱的人两个人打起来，夹在中间的这个儿子，或者是丈夫，就会不知所措，哪有心思去创业、奋斗。婆媳之间战火不断，这个日子还有法过吗？

有人说：婆媳相争是小夫妻离婚的导火索。这话不是没有道理，但还有比这更糟糕的，这事儿发生在光辉乡下甸村。

这个村28岁的蒋洪跟邻村的姑娘陆小凤结婚两年，生个儿子快满一周岁了，生活一直幸福美满，但有件挠头的事真不好办，这就是陆小凤跟婆婆矛盾重重，虽然不是你死我活、不共戴天，但也是战事连绵，争吵不休。

婆媳之间争什么？从什么时候开始的呢？据蒋洪母亲说："我第一眼看见陆小凤就没看好，这个人又懒又馋，不懂事。"蒋洪跟陆小凤结婚以后，婆媳就在一起生活，旧的矛盾没解决，新的矛盾层出不穷。常常因为一点小事，婆媳互相指责，甚至互相挖苦。她们说出的话听了刺耳，让人心寒。什么脏话都骂，什么浑话都讲，正常人难以启齿。婆婆说儿媳妇：“没大没小，我在你面前就像你的孩子，可以随便斥责、损搭。”而陆小凤指责婆婆，说：“你不能倚老卖老，咱得讲理。我是晚辈不假，我是你的儿媳妇，不是你的奴隶，不是你家的牲口。”

邻居们都说，婆媳二人吵起架来互不相让，老的没老的样，小的没小的样。婆媳关系到了白热化阶段，人们都说，这样下去早晚会出大乱子。

有好心人跟蒋洪说：“你妈跟你媳妇关系不好，不和睦，你就在外面租一处房子，搬出去，自己过，别跟你妈住在一起。”蒋洪说：“我是独生子，我不想离开母亲。即使现在离开了，父母年纪越来越大，我还得搬回来。再说，我儿子不满一周岁，需要我父母帮助照顾。我现在搬出去，让父母自己生活也让人笑话，会使父母心寒。”

他们一家五口，老两口和小两口再加一个不满一周岁的孩子。应该说，生活很幸福，但就是因为婆媳不和，互不相让，这个日子没法过。

婆媳相争，关系不睦，陆小凤把责任推给婆婆，她对丈夫说：“怪不得人们都说，‘婆婆好，纠纷少’。没一个好婆婆，家庭不可能安宁。”

蒋洪说：“一个巴掌拍不响。看来人们所说的‘要想夫妻情义长，就得找个好丈母娘’。如果你妈对你能经常开导，使你受到良好的家庭教育，你到婆婆家不至于跟婆婆老干仗。”

陆小凤见丈夫站在他妈一边说话，气得浑身发抖，说："你不应该结婚，你就应该跟你妈过一辈子。"

有一天早饭后，陆小凤把儿子抱到托儿所，自己回家收拾一下屋子，准备到田地里跟丈夫一起干活儿。这时因为家务琐事，跟婆婆又吵起来。陆小凤说："你是我婆婆，我尊重，但你也得讲理。你浑不讲理这个日子就没法过了。"

婆婆说："有你这么说话的吗？我什么时候浑了？你能过就过，不能过就滚，难道我们家没有你日子就不能过了吗？"

陆小凤说："我为什么要滚？我是你们家放鞭放炮，用车把我娶来的。我就是死，也得死在你们家，就是做鬼，也不能让你们家随便欺负！"

婆婆说："你愿意死就死去吧！"陆小凤想上去薅她头发，跟她大战一场。她犹豫了一下觉得儿媳妇打婆婆，即使有理，也会受到舆论谴责。她气得躲进屋里，把门一关号啕大哭。

陆小凤想，这个老婆婆为什么就不能让一步呢？你不是让我去死吗，我就吓唬吓唬你。他们家的庄稼曾经起过虫灾，为了灭虫打农药，还剩半瓶农药放在里屋。陆小凤就把这半瓶农药拿出来，找来一个棉球，蘸上农药，往嘴唇上抹了抹，然后就把这个农药瓶子又放回原处，就对婆婆说："你不是让我去死吗，我喝农药了，我去死，把家让给你和你儿子！"

婆婆听得真真切切，以为她是在吓唬人，没理她。过了挺长一段时间，听儿媳妇屋里没有声音，就推开门，看见陆小凤躺在床上，满屋子农药味扑鼻，她信以为真，马上跑到田地里找儿子，告诉他："你快点回家，你媳妇喝农药自杀了！"

蒋洪扔下田地里的农活儿，火速回家，推门一看，媳妇躺在床上，伸开四肢，一动不动，一股强烈的农药味扑鼻而来。面对此景，蒋洪哪能想到这是假象，立刻转身问母亲："她喝药到现在能有多长时间了？"她母亲说："有半个多点儿，接近一小时。"蒋洪说："这算完，时间太长，没法救了。"他一边说着，一边扑到床上，抱住妻子大喊："小凤！你醒醒！你一个人死了把一个不满一岁的儿子推给我，我怎么过啊？你要死，还不如咱俩一起死。"蒋洪离她的嘴很近，闻到她嘴上有农药味。此时的陆小凤一动不动，也不答话，装死，就想吓一吓他们母子二人。

蒋洪抱着陆小凤叫喊了一阵，陆小凤没有反应，他把陆小凤放到床上，推开里屋房门，来到里屋，一看那半瓶农药还放在缸夹空，他也没看一看原来还剩多少，陆小凤喝了多少，他拿起这半瓶农药，打开瓶盖，"咕嘟咕嘟"把这些药一饮而尽。喝完，把空瓶子往地上一扔说："你要死，咱俩一齐死，我也不活了。"说完往地上一躺，等死。

他上里屋时，母亲并没跟进去，谁能想到他能喝农药？陆小凤没死装死，听见蒋洪的话和往地上扔药瓶子的声音，这才意识到丈夫真的喝农药了，一骨碌爬起来，跑到蒋洪身边，想把他拽起来。蒋洪说："我也不活了，咱俩一齐死。"

一向争争吵吵的婆媳二人面对此景，不吵了，不闹了，她俩吓蒙了，束手无策。过了一会儿，陆小凤好像突然想起了什么，拔腿冲出房门，跑到院外，原来她去找邻居求救。当时正是白天，邻居们都到田里干活儿，村中无人、无车，当她找来了人，找来了车，已经过了很长时间。大家把蒋洪抬到车上，火速拉到乡医院抢救。无奈，蒋洪喝的是农药原浆，又由于失去了抢救的最佳时间，医护人员尽了最大努力还是没挽回他的生命。

婆媳相争，日子不得安宁。这一回婆媳总该休战了吧，没有，这两个女人又展开了新一轮战斗。

婆婆来到公安机关控告说，是陆小凤犯了故意杀人罪。她杀人不用刀，而是用农药。她自己没喝，为了报复婆婆，骗蒋洪喝农药。蒋洪的死是她诱骗的结果，必须追究陆小凤的刑事责任。

公安机关立案调查，发现陆小凤并无杀人故意，不构成故意杀人罪。蒋洪喝农药自杀，不是陆小凤假装喝农药的必然结果。

婆婆一看没有追究陆小凤的刑事责任，又跟陆小凤要孩子，理由是：蒋洪是独生子，蒋洪去世后，这孩子是蒋家的后人，应该由蒋家抚养。对孩子的抚养问题，婆媳争执不下。案件起诉到法院，在陆小凤执意要抚养孩子的情况下，法院判决：不满一周岁的孩子归母亲陆小凤监护抚养。

婆媳相争的后果是：婆婆失去了儿子，陆小凤失去了丈夫，这场婆媳之争才落下帷幕。

自古家和万事兴，婆媳相争理不清；
老公儿子两难全，处理不好出人命。

恋爱的噩梦

恋爱，成功了就结婚，不成功就分手，不管成功与不成功，都是很正常的事。可是，蠢男杨殿武不是这样，恋爱不成就要死要活。与这种人沾上了，可怕不？

杨殿武是大连市金州区的青年工人，27 岁那年跟本厂 20 岁的青年女工陆梅确定了恋爱关系。

杨殿武的婚姻自己做主，父母不管，也管不了他。陆梅不行，别说婚姻问题，就连上“夜大”父母也要管，说什么也不让去。理由是：晚上去上课，万一在路上遇到不测，那不是因小失大吗。她父母认为：一个女孩子，老老实实当工人就行了，用不着念大专。女人干得好不如嫁得好，将来找个好丈夫，比什么都强，硬是把上“夜大”的事儿给搅黄了。陆梅料到，对她的婚姻问题父母肯定要管。她跟杨殿武恋爱初期没跟父母讲，后来觉得有些把握了，这才先跟母亲简单说了说。

她母亲立刻就说杨殿武年龄大，陆梅父亲知道后，也说男方年龄大。陆梅解释说：“比我大 7 岁，也不算太大，仍属同龄人。我和他恋爱有个好处，就是都在一个厂，彼此互相了解。他这个人不与更多的异性接触，社会交往清楚。他也不赌博，就连扑克也很少玩，我喜欢这样的人。这样的人让我放心。”父母听她这么一说也就没阻拦。

陆梅一看，觉得恋爱有成功的可能，就把杨殿武领到家，让父母再看一看。杨殿武身材高大，有个男子汉样，陆梅的父母从外表上一看也没提出反对意见，只是在年龄问题上仍然喋喋不休，感到不能称心如意。

陆梅父亲说：“找这么大年龄的人咱怎么跟亲戚邻居说？”

陆梅说：“这也没什么，如果觉得让亲戚邻居知道不好，随便瞒个三五岁的也没关系，谁都不会去查户口。”

陆梅母亲说：“他这么大年龄，是不是已经处过好几个姑娘了？怎么都没处成？是不是人家嫌他有什么毛病？”

陆梅说：“他和我在一个厂，我知道他。他家没房子，别人不愿跟他处，如果我和他能处成，他同意倒插门到咱家，那时咱们一起生活，我和他养活你俩，省得哥哥为了照顾你们还得跟嫂嫂吵架。”陆梅的父母还是感到美中不足，但都不再言语。

陆梅的父母开了绿灯，陆梅就放开胆子公开与杨殿武相处。杨殿武知道陆梅的父母不阻拦，也就放心与陆梅来往，不再处处小心谨慎。随着时光的推移，杨殿武的性格、作风、爱好，也越来越明显地暴露出来。经过一段时间相处，陆梅父亲给他总结出三个致命缺点：

第一，懒惰。他到陆梅家从来没帮助干过活儿。有一次他来，正赶上陆梅父亲买回一袋面，喊陆梅帮他抬。陆梅和父亲把面粉抬到屋里，两人都累得气喘吁吁，而杨殿武呢，坐在沙发上嗑瓜子，视而不见，纹丝不动。只这一件事，陆梅的父亲就把他一碗凉水看到底了。

第二，烟酒无度。有一次，他在陆家喝酒喝多了，吐了满地不说，像头猪似的在人家里睡了一夜没走，丑态百出。另外，他一天一盒烟，烟灰乱弹，烟头乱扔，陆梅的父亲烦坏了。

第三，胸无大志，正经事儿从来不谈。对于学技术、搞经营、赚大钱这些男人都很关心的事好像与他无关。她父母认为，跟这样一个胸无大志的人生活不如自己单身，于是就告诉陆梅：趁早跟他告吹。俗话说："嫁给当官的当娘子，嫁给杀猪的翻肠子。"嫁给杨殿武这种胸无大志、十分懒惰的人，日后指定会一贫如洗。

陆梅认为：金无足赤，人无完人。杨殿武缺点突出，优点也明显。他不跟其他女性过于亲近，甚至很烦那些放荡的女人，据此可以断定他将来不会喜新厌旧。女人选丈夫这一点很重要，况且杨殿武对自己的缺点认账，表示要改，所以陆梅仍然跟他恋爱。

陆梅的父母不赞成他们恋爱，但态度不很坚决。可是后来发生了变化。

有一天，杨殿武跟陆梅去逛街。杨殿武想买盒烟，没带钱，就跟陆梅要。陆梅半开玩笑地说："不给！"杨殿武说："真是一分钱难倒英雄汉。你借给我五元钱还不行吗？"

陆梅说："别说五元，一元也不行。"其实，他俩的经济账已经分不清了，陆梅只是想控制他吸烟。杨殿武没招，就动手抢。陆梅手里装钱的那个小提包背带被拽坏了，陆梅不高兴，照杨殿武后背就打一拳。杨殿武本来也不高兴，立即还手，给陆梅一个耳光。两人半疯半闹，不是真的动武，但杨殿武打的部位不对。谁都懂：打人不打脸，打脸就急眼。陆梅有点委屈，眼泪流了出来，没再理他，一个人回家了。

父母见她不高兴，问她怎么了。陆梅没想到后果，顺口说了一句“被杨殿武打了”。这一下可坏了，她父母原来就不同意他们恋爱，这回坚决反对，杨殿武一来，陆梅的父母就轰他，甚至骂他，不让进屋。

陆梅父亲对他说：“我告诉你，我的女儿不会嫁给你。她长这么大，我没碰过她一指头，你凭什么打她嘴巴子？好狗不咬鸡，好汉不打妻。你算个什么东西！没结婚就开始打，她若嫁给你，以后挨打的日子不就长了吗。”

陆梅背后告诉杨殿武说：“这几天我父母心情不愉快，过些日子他们消了气你再来。”

陆梅与杨殿武的恋爱没中断，因为他俩知道，那天两人互相打是闹着玩。陆梅把那天发生的事，不止一次地详详细细跟父母解释，但由于他们原先就没看中杨殿武，一直找不到恰当理由才没硬性阻拦，这件事成了导火索，两位老人说什么也不同意陆梅与杨殿武继续相处。无奈，事情只好先“挂起来”。恋爱由公开转入地下，背地里他俩仍然不断约会、逛街、看电影。

半年后的一天，杨殿武又来到陆梅家，陆梅父亲见面就斥责：“你来干啥？你要敢打，就来打我。你敢碰我一下，我就要你的命！我告诉你，你就死了这条心吧，只要我活着，陆梅就不会嫁给你！她要嫁给你，我就管你叫爹，管你叫老丈人。”

这话说得太吓人了。俗话说：“过头的话少说，过头的事少做。”这一回陆梅的父亲把话说绝了，一点儿回旋余地没留，这最容易激出灾祸。

杨殿武尝到了厉害，感到绝望。他认为与陆梅恋爱的前景渺茫，希望不大，而自己的年龄越来越大，眼看快到30岁了。万一陆梅向父母一“投降”，这不是让她耽误自己终身大事了吗。

蠢人动怒又吼又叫，智者动怒坐着微笑。杨殿武修养很差，像头蠢牛，急躁起来，不想再这样拖下去，就约陆梅想好好谈谈。他指责陆梅的父母不该干涉子女婚姻。陆梅说：“这不能叫干涉。谁家父母不关心子女的婚姻？”

“这不叫干涉还啥叫干涉，关心没有这么个关心法。他关心可以，谈谈个人意见，但不能硬是把咱俩给拆散。你听你爸说的那叫什么话，他说你要嫁给我，他就管我叫爹，管我叫老丈人。这哪叫关心！”

“我爸就这脾气，过一阵子消气就好了。”

“拉倒吧，别过一阵子两阵子啦。现在问题已经很清楚，摆在我们面前只有两条出路：一条是你跟父母决裂，咱俩登记，到别的地方租房结婚；另一条是你的婚姻由父母包办，咱俩拉倒，你选哪一条？”

陆梅说：“这两条都不能走。父母想不通，咱可以慢慢劝，不能牛不饮水强按头；另外，你杨殿武可以用行动来感化我父母，使两位老人转变态度，不能破罐子破摔，鲁莽从事。”她告诉杨殿武：“我不赞成你指出的这两条路。在咱俩面前还有另外一条路，这就是等，等待时间。在较长时间里，你用实际行动改变你在我父母心中的印象。我父母经过一段时间，态度会转变的。”

“转变个屁！”杨殿武不跟她谈了，转身要走。

陆梅说：“不怕问题复杂，就怕头脑简单，此路走不通就换条路，不能硬往死胡同里钻。咱俩等一等，在适当的时候登记结婚。如果你实在不想等，那只好各自另选他人。”

“各自另选他人”这话陆梅第一次提出，杨殿武预感失恋已经不可避免。

他恨透了陆梅的父母，心想：“恋爱不成活着还有什么意思，不如死了。但不能这么简简单单地死，就是死，也得给这两个老东西点厉害尝尝。”

失恋不等于失去一切。可是蠢男杨殿武认为，失恋就是失去一切。他不想活了，开始玩命。

一天深夜，他趁陆梅上夜班不在家，带上一把剔骨刀和一根一米长的铁棍，窜到陆梅家，进屋就粗野地对陆梅父母威胁说：“我和陆梅结为夫妻，这是改变不了的事。今天你们说个痛快话，到底是同意还是不同意？”

有这么办事的吗？千人千脾气，万人万性格。在平静的生活中看不出人的差别，遇到复杂问题就能看出人的智商高低。

杨殿武这话一出口，没等陆梅父母说话，陆梅哥哥从门旁站过来，说：“你想干什么？”

陆梅的哥哥早已结婚，不跟父母一起生活，没想到今天让他遇上了。杨殿武进屋时也没细看屋里是否还有别人，这一来事情就更复杂了。杨殿武举起铁棍，不由分说先往陆梅哥哥头上砸。随后，向屋内的三个人：陆梅的父亲、母亲、哥哥，胡乱地连扎带打，把他们都打倒。杨殿武看着他们都倒在血泊中，自知把事情闹大了，就去陆梅所在的车间，想跟她同归于尽。

陆梅当时上夜班，正在看守机床。她见杨殿武向她走来，点头示意后问："找我有啥事？"

杨殿武没回答，走近她身旁，突然用左胳膊搂住她脖子，右手从裤兜里掏出那把剔骨尖刀，朝她腹部一连扎了两下。陆梅只觉得肚子凉飕飕的，有些麻木，用手一捂，鲜血立即从指缝间涌出，滴落在机器旁。她觉得一阵眼花，就在快要摔倒的时候，看见杨殿武又用这把刀朝他自己的腹部猛刺。

这是什么逻辑？陆梅顾不得自己腹部在流血，立即上前夺刀，并慌忙大喊："你疯啦！"夺刀时，三个手指都被划出很深的口子，但没觉得疼。杨殿武见她没死，又第二次向她扑来。陆梅一时弄不清怎么回事，捂着肚子拔腿就跑，但没跑多远就一头栽倒在地。

幸亏车间里的人发现及时。陆梅和杨殿武都被抬上同一辆车，立即送往医院。医院里，大夫们正忙着为另外两个人缝合伤口。这两人一个是陆梅的母亲，另一个是陆梅的哥哥。陆梅的父亲虽然也被送来，但心脏已经停止了跳动。

大连市中级人民法院以故意杀人罪，对杨殿武判处了刑罚。宣判后他上诉，其理由是："我杀人犯罪，是陆梅父母干涉我们婚姻造成的，请求从轻处罚。"

辽宁省高级人民法院审理此案时，认为陆梅父母对子女婚姻问题虽然有些做法不妥，但杨殿武连杀四人，导致一人死亡、三人重伤，罪行特别严重，裁定维持了一审判决。

失恋不等于失去一切，要理智面对；
暴力不能够解决一切，只会酿成犯罪。

是婚姻的问题吗?

许多人被婚姻问题弄得焦头烂额，赵兴海就是其中之一。他被沈阳铁路运输中级法院判处死刑，羁押在沈阳铁路公安处看守所，等上级法院来复核。

对自己走上犯罪道路的经过，他这样供述：

我和正常人一样，也有父母、兄弟姐妹，也是先入学读书，然后参加工作，随后娶妻生子，生活平静。我的生活开始变味，人生开始偏离正道儿，是从婚姻出现问题开始的。

搅乱我婚姻的罪魁祸首有两个，一个是我的岳母李玉芬，另一个是我妻子的舅舅李玉林，这两个人把我的家给搅散了，是他们把我推进了人生的深渊。

我岳母李玉芬好像不希望我和妻子关系好。在她看来，我要和妻子好，没矛盾，就等于把她女儿从她身边夺走，使她失去了女儿。她总是吹毛求疵找我毛病，然后鼓动她女儿跟我干仗。这种现象极为少见，但偏偏让我遇上了。

我们辽南那地方有个习俗，女婿跟岳父、岳母从来不叫爸爸、妈妈，只是称为大叔、大婶，或者伯父、伯母；跟自己的父亲也不叫爸爸，而是叫爹。这是自古以来留下来的习俗，只是近些年，年轻人开始跟父母叫爸爸、妈妈，跟岳父、岳母也称爸爸、妈妈。我不习惯，一时改变不了，在跟岳父、岳母说话时，常常不加称呼，直接叫。

对此岳母不肯放过，总跟我妻子说："这小子没把咱家放在眼里。"有一次因家务琐事，我跟妻子吵架，妻子说我："我父母在你眼里是什么位置？即使是邻居，跟他们说话也得打个招呼！"我岳母明火执仗跟我干："你的爹妈是爹妈，我们是你的用人吗！"他们越是跟我干、跟我吵，我就越难跟岳父、岳母叫爸爸、妈妈。在我心中，我的爹妈从来不会找我毛病跟我干仗。被称为爹妈的，跟子女的感情是纯正的，哪有那么多我是你非！

就为这点事，从结婚后的三个月，我们夫妻之间开始产生矛盾，第六个月，我妻子在我岳母的鼓动下，提出跟我离婚，并由岳母领着到法院起诉，拉开了离婚的序幕。

法官给调解，没离成，但夫妻之间的矛盾加深了。这事儿使我认识到：妻子，不同于同胞姐妹，说不定什么时候便离我而去，夫妻会成为陌路人，甚至是仇人、敌人。我和妻子在我岳母的不断搅和下，同床异梦，貌合神离，性生活极少，在不断争争吵吵中生活了十年，并生有一子。

夫妻感情有裂痕，最怕有人从中挑拨、撒盐、火上浇油，可是这种事偏偏让我遇上了。妻子的舅舅李玉林就是这种人。本来应该各过各日子，七家不管八家事，他却经常参与我与妻子之间的纷争。

有一年夏天，我跟朋友孙奇合伙卖西瓜，本来与李玉林毫无关系，他又参与其中来搅和。

孙奇这小子不是人，本来是两人合伙做买卖，盈亏两人分担，可是他竟贪了我们俩卖西瓜的钱，我粗略算一下，被他贪了 1000 多元。我问他，他即使被问得张口结舌，无话可说也不承认，把我当傻子耍，我心生怒气。

有一天我去他家，他家没人，我就把他家停在院子里的一辆破四轮手扶拖拉机开出来给卖了，卖了 1000 元。我知道这样做不对，但是他贪了卖西瓜钱在先，这是对我损失的补偿。

孙奇发现车丢了，说是我偷的，上我家来要、来闹，我不承认。他总来闹，我被他搅得没办法，就躲出去打工。就为这事，李玉林参与了，公开让我妻子跟我离婚。经法院判决，妻子与我离婚，7 岁的孩子归她抚养。我彻底妻离子散了。

老婆没了，孩子也不在我身边，我成了“光棍汉”，就开始在外漂泊、打工。逢年过节，别人挣了钱有家可归，我没家，就连春节也在外边干活儿。有好心人给调解，让我复婚，可是，李玉林就急三火四地给我前妻介绍对象，在李玉林的帮助下，我前妻还真的跟别人结婚了。我闲暇时细一琢磨：是李玉林使我无家可归、妻离子散的，我决定报复他。

八月中旬，我一时找不到活儿，闲得寂寞，就想回去报复李玉林。我在海城市一家综合日杂商店买了一把锤子，然后买了火车票，踏上报复李玉林的道路。

我知道，杀了李玉林我也活不成，就想先把挣的钱吃光花净。我中途在沈阳下车，想到沈阳的故宫、北陵玩一玩儿。下车后，我先在沈阳站前一个小旅店住下。房间里两张床，我住一张，另一张住的是广州来的旅客。我在这里住两天，临走算完宿费到房间拿东西准备离开时，看见房间里那位旅客正坐在床上数钱，一大把，足有四五千。他没理我，我也没理他，我拿了东西退宿后就到了火车站，准备买票继续赶路。这时我又想，我去报复李玉林，将来是个杀人犯，活不了几天，杀一个也是杀，杀十个也是杀，何不把旅店里数钱的那个旅客杀了，抢了钱，再玩两天呢！我又折返了回去，然后用以前捡的一个身份证登记，又住到了这个旅店，准备伺机抢钱。

这一回，不是跟广州那个人住在一起，我去那个房间找他，发现他已经退宿了。我被安排在别的房间，也是跟一个南方人住在一块儿，他有30多岁。这个人没数钱，他身上有多少钱我不知道，是否值得一抢，我也弄不准，但我认为，既然出门在外，他兜里即使没有太多，多多少少也会有一些。算这小子倒霉，我决定抢他的。

我知道这样做有罪，心想，等我杀了李玉林就自杀。

第二天早晨，天亮了，快到吃早饭的时候，跟我同住一室的这个旅客也醒了，但他没马上起床，而是面朝墙壁躺在床上。我觉得应该下手，否则他起床后下手就不方便。我摸出提兜里的铁锤，朝他头上狠砸一下。他“啊”了一声，我把锤把砸劈了，还好，锤头没掉下来，我抓起断把的锤子，又继续朝他头上砸，砸多少下记不住了。他被砸得不动了我才住手。我翻了他的钱包，只有600多元。我把这钱揣进衣兜，又拿了他的手机，用床上的被把他尸体盖上，迅速离开这里。

我没想到，我还没来得及报复李玉林就被逮捕了。我没什么可说的，只求早点一死。我这一生，是婚姻问题把我毁了。有人说婚姻是带刺的花朵，我就是被婚姻扎着了，尝到了婚姻的苦头。

夫妻多忍让，避免第一仗；
吵闹开了头，战事连绵令人愁。

好人有好报

王占林 26 岁，是红庙乡赵屯村的未婚农民，他文化程度低，家里穷，心眼儿实，不会花言巧语，只会出大力，干农活儿，能驾驶手扶拖拉机，再就没有别的专长。

他们村孙长喜家盖房子，他去给拉土，挣运费。在给孙家拉土时他遇上这样一件事：

孙长喜有两个孩子，大孩子是儿子，叫孙河，结婚后自立门户。第二个孩子是女儿孙荣杰，21 岁，长得也算比较漂亮，村里人给她介绍对象，孙长喜和老伴儿都同意，但孙荣杰不同意，把父母气坏了。

原来，孙荣杰自己在本村处了一个对象，小伙子是农民，因为家里穷，孙荣杰父母都不赞成。她母亲不但不赞成，还经常对孙荣杰说：“男怕入错行，女怕嫁错郎。你找的这个人比咱家还穷，跟他结婚，到他家就得像牛马一样干活儿，哪辈子才能翻身？”

只要孙荣杰默不作声，固执己见，她母亲就开始挖苦，说：“你才二十刚出头，急什么？再怎么着急也不能自己说了算。”母亲说她“着急”了，她回答说：“我自己的事儿自己说了算，你们别管了。”

由于孙长喜家正在盖房子，事情多，孙荣杰就把这个小伙子领来，让他到工地看一看，有什么活儿帮助干一点。孙荣杰的母亲公开撵，说：“我家盖房子与你无关，你别再到这里来了。”

小伙子被撵走，倔强的孙荣杰跟母亲吵起来，说：“我嫁给他决心已定，你不让他来，我走。”

她母亲气得翻白眼，浑身发抖，指着孙荣杰说：“你别说走，就是死了我也不同意。”

这话尽管是在气头上说的，也只能这样的母亲才能说出口。怎能想到，孙荣杰真的就想到了死。她家有半瓶农药，放在水缸后面，孙荣杰把它拿来，当着母亲的面，特意给母亲看，“咕咚咕咚”就像喝饮料一样，一口气把它喝下去。母亲立刻夺瓶子，晚了，孙荣杰把半瓶农药喝光了，把空瓶子往地上一摔，说：“我不活了，现在就死。”这姑娘太任性了。

不知她听谁说的，喝完农药再喝一点儿水，就能死得快。她跑到厨房，拿起水舀子，从水缸里舀一些水喝。她母亲惊慌失措，吓得哭出了泪，喊出了声，跑上来一边夺水舀子，一边大喊：“快来人啊！不好啦！”

孙长喜听到喊声，跑进屋，老伴儿跟他说了这情况，赶紧到医院抢救吧。怎么去？他们这农村既没有公交车，也没有出租车，家家户户都没有汽车，只能用牛车、马车。这时孙长喜想起了王占林正在用手扶拖拉机给他们往建房工地拉土，就对老伴儿说：“你看好她，我去找王占林。”说完就往建房工地跑。

当时，王占林正站在他的手扶拖拉机上往下卸土，孙长喜跑到跟前，上气不接下气地说："不好了，我女儿喝毒药啦！快卸车！赶紧上乡医院！"

王占林急三火四地把土卸完，然后把手扶拖拉机开到孙长喜家，跟孙长喜一起把孙荣杰拽上车，拉着就往乡医院跑。

乡医院规模很小，抢救室有个洗胃房间，由于长期不用，没人到这里来洗胃，门锁着，钥匙在一个姓张的护士手里，而这个姓张的护士，这时又回家给小孩儿喂奶，不在医院。医院里的人就一边给她打电话，让她赶紧回来，一边由王占林和医院的几个大夫把门撬开，紧急对孙荣杰进行抢救、打针、洗胃。由于那个张护士还没到，王占林就临时当了把护士，大夫让他干什么他就干什么，让他怎么干他就怎么干，前前后后忙个不停。后来张护士回来了，王占林也跟着里外忙活，一直没离开医院。

因抢救及时，孙荣杰脱离了生命危险，醒过来了。孙长喜看见女儿醒过来，失声大哭说："你可活过来了，把我们都吓死了。"孙荣杰也哭了，她看见村里的王占林站在床前，向他点头微笑，便向他表示谢意。大夫说："太危险了，如果再晚来一分钟，都很难抢救过来。"孙长喜看看王占林，见他身上的衣服都湿了，衣服上还有给孙荣杰洗胃时喷溅的胃内残渣，就握着他的手说："要是没有你这个手扶拖拉机，我女儿非死不可。"

孙荣杰服药自杀的消息在当地不胫而走，很快在村里村外传开，和她处对象那个小伙子知道后，主动撤退，明确表示不再跟孙荣杰处对象了，而孙荣杰呢，从此谢绝一切上门来提亲的媒人。

孙长喜的房子盖完，一家人搬进去，才过一年多，孙长喜因为患癌症就死了。他在去世前，在医院的病床上对老伴儿和女儿孙荣杰说："咱村的王占林是个好小伙子，要是没有他，孙荣杰得死在我前面。我死了以后，把我的一切……"说到这儿，孙长喜上气不接下气，两串眼泪从两个眼角一直淌到耳朵上。孙荣杰替他把泪水擦干。孙长喜停了一会儿又继续说："把我的一切财产全给他……"

这是孙长喜临终时的最后一句话，不仅他老伴儿和女儿听到了，在场的主治医生杨大夫、高护士都听到了，大家听得清清楚楚、真真切切。

杨大夫出于好奇就打听，孙长喜为什么要把他的一切都送给王占林？经过了解才知道，王占林本分、厚道、老实，没有甜言蜜语，他干得多，说得少，是个好小伙子，他在抢救孙长喜女儿的过程中起到了关键作用。杨大夫又知道王占林和孙荣杰都未婚，就从中给穿针引线，搭桥传话，当起了媒人。

孙荣杰想，父亲临死时说要把自己的一切送给王占林。所谓"一切"，是否也包括他女儿？父亲可能是怕女儿不同意，后来才说出把他的一切财产全送给王占林。对于父亲是否有要把女儿送给王占林的想法，孙荣杰觉得有，因为父亲说王占林是个好小伙子。孙荣杰最终答应嫁给王占林，理由有三点：一是父亲说王占林是个好小伙子；二是王占林在抢救自己方面有恩德；三是父亲要把家里的财产全给王占林，也说明父亲赞成她和王占林的婚事。

在杨大夫的撮合下，孙荣杰嫁给了王占林，结婚时，王占林"倒插门"到孙荣杰家，跟孙荣杰一起过日子，一起赡养孙荣杰的母亲。

孙长喜的儿子孙河反对，是反对王占林跟孙荣杰一起赡养母亲吗？不是，他反对王占林“倒插门”住父亲新盖的房子。他跟王占林说：“这房子是父亲盖的，父亲去世了，我有权继承遗产，你到这里住不行。”

王占林是个农民，他说：“你让我们搬到别的地方住，你得跟你妹妹孙荣杰说，跟你母亲说。”

孙河跟母亲说了，他母亲解释说：“你爸爸临死时说，要把家里的一切财产全给王占林。一切财产当然包括房子。我们让王占林到这里来，是你父亲的遗嘱，是你父亲的意愿。”

孙河问：“遗嘱在哪？有字据吗？”

“这是你父亲临死时在病床上说的，我们虽然没有字据，但大家都听见了。”

“没有字据的遗嘱有效吗？我有权继承父亲遗产，即使房子不给我住，我也应该从中分到一点补偿金。”

孙荣杰和母亲手里没有钱，也就没答应。孙河无奈，将王占林告上法庭，要求继承父亲遗产。

法院经过开庭审理，认为：孙长喜的临终遗嘱合法有效。口头遗嘱也是遗嘱，只要它真实，有多人证实，它和书面遗嘱同样具有法律效力。法院驳回了孙河的诉讼请求。王占林没争、没抢、没有使用任何手段，上天给了他一个媳妇、一处房子，使这个穷汉有了一个家。

苍天有眼很公道，行善作恶都有报。

荒唐的决斗

12月20日晚上10点多钟，在沈阳市五里河体育中心北侧，有两个年轻女子正在拼死搏斗。当时临近冬至，是一年中最冷的节气。

她们一个叫黄丽敏，34岁，是沈阳市第二建筑公司的建筑女工；另一个叫魏红，29岁，是沈阳市北方汽车采暖器二厂的工人。黄丽敏拿的是手锤，魏红拿的是菜刀，这些都是能致人死命的凶器。

两人打斗是在深夜，地点也十分偏僻，没人看见，当然也就没人上前拉架、报警。手锤打过去，对方只能是疼痛；可是菜刀砍过来就是一道血口子。两人打了几个回合，手拿锤子的黄丽敏被砍倒，躺在血泊中。魏红怒气未消，挥刀又照她头部、脸部猛砍两下。黄丽敏奄奄一息，生命垂危，低声哀求说："你也太狠了，把我送医院去吧……"

魏红狰狞地一笑："哼！想得可倒美！"魏红没把她送到医院，倒是把她拖到路旁的下水道里，魏红看看四周悄无一人，无人发现，又没有监控摄像头，扔下手中的菜刀，扬长而去。身受重伤的黄丽敏在凛冽的寒风中、在冰冷的脏水里挣扎了一会儿也就气绝身亡、命赴黄泉了。

第二天，人们发现黄丽敏的尸体，迅速向公安机关报案。刑侦人员火速赶到现场，对尸体进行检验，随后就展开紧张的侦破工作。刑侦人员根据勘查和检验断定：这不是劫财，也不是劫色，是仇杀。谁和死者有如此深仇大恨？群众反映，死者跟魏红吵过嘴、打过架，关系紧张，魏红有重大作案嫌疑。魏红当天就被传讯，她对杀人犯罪的事实供认不讳。

黄丽敏离婚后寂寞难耐，很快就与有妇之夫周某勾搭成奸。周某的妻子魏红知道后忍无可忍，就跟丈夫争吵、打斗。周某承认错误，表示痛改前非，但黄丽敏情丝难断，经常勾引，周某又经不起“野花”的诱惑，两个人的关系由“地上”转为“地下”。魏红怒火中烧，就跟踪、盯梢。在这段时间里，周某同时与这两个女人维持着不清不白的关系，这边有妻子，那边有情人。“奸情出人命”的古训开始应验。

黄丽敏让周某离婚，跟自己结婚，周某支支吾吾，不置可否。魏红问周某：“你想怎么处理，你是跟黄丽敏过，还是跟我过？说句痛快话！”周某也不吭声。

在魏红的追问下周某竟然冒出这样一句话，“听天由命”。魏红说：“既然这样，我给你们让地方，咱俩离婚。”很快，他俩办理了离婚手续。

离婚后，魏红失去了小家庭，孤单可怜，她觉得自己很窝囊，认为自己的美满家庭是被黄丽敏给搅散的，不甘心。过了几个月她去找周某，要复婚，没想到，遭到拒绝。魏红又去找黄丽敏算账，让她不要纠缠周某。黄丽敏说：“婚姻自由，老周愿意跟谁结婚这是他个人的事，由他自己决定。”

魏红不断地找周某复婚，黄丽敏十分恼怒。这两个女人反复纠缠，都认为是对方坏自己的好事，谁也不服气。终于有一天她俩达成了协议：如果谁能将对方制服，周某就归谁。从此，这两人开始上演了“二女争夫”的闹剧。她俩身上经常带着凶器，预防对方的突然袭击。

12 月 20 日晚上 8 点多钟，两人都去周某家，一个想跟他约会，另一个想跟他谈复婚，两人在周某家的楼道里偶然相遇。仇人相见，分外眼红，便吵起来。先是骂骂咧咧，推推搡搡，随后就决定到附近的五里河体育中心后面的偏僻处谈谈，比试比试。两人都暗藏凶器，但又都不知道对方有准备，于是都有恃无恐，都在想：比试就比试，看看谁怕谁！就演出了这场荒唐的争夫决斗。

沈阳市中级人民法院经过开庭审理，认为被害人黄丽敏插足他人家庭，有过错，因此，虽然认定魏红犯故意杀人罪，但从轻判处无期徒刑。

人们常说：“家有贤妻，丈夫不遇横祸”，如果再有一句“家有贤夫，妻子不遇横祸”，这就把问题讲全面了。两人结婚组成一个家庭，如果其中一人胡作非为，或者惹是生非，另一个很难避免灾祸。魏红的丈夫如果不搞婚外情，魏红与黄丽敏的悲剧也就不会发生。

家有贤妻，丈夫不遇横祸；
家有恶夫，妻子灾难躲不过。

法盲争妻

李学锋是辽宁省普兰店市人，因为犯盗窃罪被判刑，妻子跟他离婚了。他刑满释放后孤身一人，没工作，没有经济来源，以在集市上倒卖小百货维持生活。他很想有一个女人跟他组成一个家，共同度日。

胡凤华跟杜本洪结婚六年，生一男孩儿，因为家庭琐事，夫妻经常争吵不休，感觉在一起生活味同嚼蜡，于是分居。他们没离婚，但各立门户，各自生活。五岁的儿子跟杜本洪在一起，主要靠爷爷奶奶照顾。胡凤华也在集市上卖小百货维持生活。

在集市上，李学锋与胡凤华相遇、相识。因为同病相怜，异性吸引，两人一见钟情，相见恨晚，成了好朋友，随后，胡凤华就搬到李学锋家，跟他没登记、没结婚，便以夫妻相称，一起做买卖，共同生活。

再说杜本洪，一人在家既得洗衣做饭，料理家务，还得干些农田活儿。虽然儿子由父母帮助照料，但也牵扯他不少精力。跟妻子这样长期分居也不是长久之计，他就到集市上去找胡凤华，想让她回家。在集市上，看见胡凤华跟李学锋在一起卖小百货，就凑到跟前，向胡凤华承认错误，说小话儿，劝她回家。胡凤华说："我不想和你在一起生活，我们俩离婚是早晚的事，我不能跟你回去。"

杜本洪来的次数多了，李学锋就对他说："人家既然不想跟你生活，你就另娶一个多好，何必死皮赖脸地纠缠她。你这一来，还影响她卖货，给她造成经济损失。"

杜本洪说："这是我们夫妻间的事，与你无关。"

李学锋说："现在人家已经不可能跟你在一起生活了，人家的态度非常明确。你说她是你的妻子，可是人家不承认，你不是一厢情愿自讨没趣吗！"

胡凤华不回家，杜本洪不甘心，就经常到市场上去找她。后来听人说胡凤华已经跟李学锋结婚了，有了新家。他打听到了李学锋的住址，找去了，跟李学锋争夺胡凤华。

李学锋见他来了很不高兴，说："你怎么还找到我家里来干扰我的生活呢？"

杜本洪说："不是我找到你家来干扰你的生活，而是你勾引我老婆干扰了我的生活。今天，我是来接我老婆的。我老婆跟我回了家，你就是请我来我也不来。"

李学锋说："胡凤华已经是我老婆了。婚姻自由，她愿意嫁给我，我也愿意娶她，我们是夫妻。你娶不到老婆就到这里来干扰我们，你纯粹是耍无赖。"

"你说她是你老婆，你们有结婚证吗？"

"有！马上就可以办一个。我们都愿意结成夫妻，办一个结婚证非常容易。胡凤华不愿意当你的老婆，说跟你离婚就离婚。"

“说离婚不是还没离婚吗？”

“我们俩争论这个问题没有意义。你问一问胡凤华，她是你的老婆还是我的老婆，让她自己说。”

站在一旁的胡凤华说：“我是李学锋的老婆，你回去吧，我不可能跟你回去过日子。”

这一句把杜本洪气坏了，他无言以对，转身就走。他不甘心，明明是自己的老婆，怎么会这么容易就被人赖去了呢？过了些日子，他把5岁的儿子领去，想让儿子说话，让他妈回来，也想让胡凤华看在儿子的面上跟他一起回去。

李学锋见他把孩子领来了，根本没让进屋，不让母子见面。两个大男人吵起来。一个说，你拐走了我老婆；另一个说你干扰了我的生活。一个说，我有结婚证；另一个说婚姻自由。两人先是争吵，随后就厮打，胡凤华躲在屋里坐山观虎斗。孩子吓得直哭，当妈妈的就是不肯跟儿子见面。

两个大男人打起来了，引来不少围观者。有人制止说：“吵吵什么！有问题解决不了找法院。”

有用的话不在多，一句胜过一万句无用的争吵。杜本洪受到启发，如梦初醒，真是的！胡凤华到底是谁的老婆让法院给判。

杜本洪到普兰店市法院起诉，法院做出如下判决：胡凤华有配偶，李学锋明知其有配偶而与其以夫妻名义长期同居，均犯重婚罪，判处李学锋有期徒刑一年，判处胡凤华有期徒刑六个月；解除他们的非法婚姻关系。

就这样，一对不受法律保护的“野鸳鸯”被打散。李学锋再次走进监狱大门。

合法的婚姻受法律保护，
没登记的婚姻“不算数”。

准备离婚

杨凯是辽宁省大连市渔业公司的渔民，出海捕鱼是他的本职工作。他们的船比较大，出海之前船上装足了粮、菜和淡水，还带一些冰块，然后到远海作业，捕鱼十多天以后把船装满才返航。渔船回港后，港上的工人们立刻卸鱼、装粮、装菜、装淡水、装冰，船员们在家只能休息一两天，然后驾船再出海，一年四季在家住不了多少天。

杨凯的妻子殷艳 27 岁，耐不得寂寞，觉得自己在家是守活寡，想离婚没法张口：一是有个两岁的儿子，不想让孩子在单亲家庭中生活；二是跟丈夫没发生矛盾，刚结婚不长时间就离婚怕人笑话。

殷艳没有工作，家务活儿干完了就炒股，有时领孩子到附近的振山饭店去吃饭，消磨时间。

振山饭店是秦振山开的个体小饭店。秦振山 28 岁，有过短暂的婚史，没有孩子，离婚后他招几个雇工开个小饭店维持生活。殷艳常领孩子到这里吃饭，一来二去他们就混熟了，随后两人就开始通奸。

时间长了，杨凯对此有所耳闻，但他错误地认为，自己经常出海，妻子一人在家也不容易，如果她跟秦振山好，殷艳和孩子在生活上有什么困难还会得到秦振山的帮助，也就睁一眼闭一眼假装不知道。由于他的姑息养奸，殷艳和秦振山便胆大妄为，无法无天，几乎是公开以夫妻相称，来往频繁。

人无害虎心，虎有伤人意。殷艳跟秦振山这样长期通奸，虽然杨凯假装不知道，但亲戚、朋友、邻居还是不赞成，这使她不得不有些拘束。她感到这不是长久之计，加上秦振山常常鼓动她离婚，殷艳也就渐渐产生了要跟丈夫离婚的念头。

殷艳对秦振山说："如果离婚，我得要孩子，我舍不得把孩子给杨凯。"秦振山说："你要能把孩子要过来那就更好了。以后你如果愿意生，咱俩可以再生一个；如果你不愿意生有这么一个也可以了。"殷艳了解了秦振山的想法，就准备跟杨凯离婚。

有什么可准备的呢？她跟许多想离婚的人一样，一是尽可能地找到对方的缺点，比如对方婚外恋、赌博、酗酒等，以便把离婚的责任推给对方；二是转移财产，以便离婚时自己多得一些。而杨凯是个老实巴交的渔民，常年出海捕鱼，实在找不出什么毛病，殷艳就在转移财产方面下功夫。她认为，只要转移得多，将来跟孩子得到的就多。由于她在家里管钱，对家里的钱款杨凯只知道一个大概数，详情并不知晓，这使她往外转钱很方便。

殷艳跟秦振山有准备结婚的想法，两人的钱款就开始混用。秦振山的饭店有时需要资金，殷艳就不计数额，慷慨解囊；殷艳炒股需要资金，秦振山也投入。恰好就在那一段时间，股市形势喜人。殷艳炒股挣了，就用这些钱又买了 450 张股票认购证，她没想到，这些股票认购证后来不断翻番，在不长时间里她净挣 320 万。

殷艳狂喜，由于要跟杨凯离婚，跟秦振山结婚，她就把挣的这些钱以秦振山的名字存入银行。再加上她以前转移出来的一部分，这样，属于她和杨凯夫妻共有的财产被她转移到秦振山名下已经达到 340 万元，家几乎被她掏空。

做好充分离婚准备的殷艳，终于在杨凯回港后提出离婚。刚提出来，一个意想不到的情况突然出现：秦振山出去为饭店买菜，被一辆汽车撞倒碾轧当场死亡。

殷艳跟秦振山尽管关系很好，但在名义上，他们仅仅是街坊邻居或者是朋友关系。秦振山的丧事只能由其父母操办，殷艳插不上手。秦振山的死使殷艳十分震惊，不仅打碎了她跟秦振山组建新家的美梦，而且她转出去的 340 万元风险太大。

她到秦振山父母家，向其说明情况，往回要钱。由于人家正在办理丧事，谁也没理她。她如果不去要，事情也许还好办一些，她这一要，人家正在办理丧事有充分理由不理她，与此同时，人家有了充分的时间做准备。事后，秦振山的父亲告诉她："秦振山开饭店确实挣了不少钱，但这些钱里，没有你的。既没有你投资开饭店的证据，也没有你把炒股挣的钱给了秦振山的证据。秦振山手里的钱是他开饭店挣的，你殷艳说是你炒股挣的，你自己有家，怎么能把自己的钱给别人呢？"

殷艳有口难辩，十分窝火，知道转移出去的钱是要不回来了，就到律师事务所请律师，要跟秦振山的父母打官司。律师告诉她：“打官司实际上就是打证据，没有证据，这个官司就不要打了。如果硬要打，只能搭进去诉讼费，而不可能把官司打赢，不可能把转出的钱要回来。”

杨凯知道妻子把这么多的钱转移出去，认为妻子跟他同床异梦，果断地跟她离婚。

法院在审理这起离婚案件中，殷艳坚持要孩子，杨凯不同意。其理由是：殷艳不爱惜自己的家庭和孩子，为人不守本分，品行不端，现在这孩子已经长大，由他爷爷奶奶照顾会更有利于孩子的身心健康。

最后法院做出判决：准许他俩离婚，孩子归杨凯监护抚养。

殷艳既失去了家庭、丈夫、孩子，又失去了钱财，光溜溜地离开家门，净身出户不说，每个月还得给孩子拿抚养费。

良好婚姻的基础是忠诚与坚守，
不懂得珍惜，好日子就会过到头。

办不成的婚礼

张云志跟尚梅恋爱，他对尚梅说：“现在人们的生活水平普遍提高，青年人结婚，男方要给女方彩礼；组建新家，男方又要为这个新家买家具、家电。可是我们家是普通工人家庭，父母收入不多，我实在不忍心跟他们要很多钱。另外，我也知道他们手里没有钱。我才刚刚参加工作，如果咱俩结婚，你跟我们家要彩礼，要家具、家电，我们家恐怕拿不出来。”

尚梅通情达理，说：“只要我们俩真心相爱，觉得在一起幸福，我们可以白手起家，不需要双方父母帮助。”张云志闻言甚喜，觉得有恋爱成功的可能。对这个问题，张云志想得很周到，还跟尚梅父母说了。二老都表示，只要两个人能处得来，不会计较彩礼问题。

这个问题解决了，他俩恋爱三年，选择了6月6日这个大吉大利的日子来到婚姻登记机关，自愿办理了结婚登记手续。为了庆祝这个喜庆日子，两人到酒店吃了一顿饭。席间，张云志对尚梅说：“你已经是我妻子了，祝贺我们俩第一次以夫妻关系在一起吃饭。”两人相视而笑，举杯对饮，他们看到美满的生活正在向他俩招手。他俩当即决定，要经过半年的准备，在新年前后举行婚礼，于是就开始紧锣密鼓地准备结婚。

恋爱是两个人的事，双方父母和亲友并不参与。可是开始准备结婚，恋爱期间遇不到的许多具体问题便冒出来，双方父母要参与，事情复杂起来，开始考验两个人爱情的牢固性。

张云志父母知道儿子已经跟尚梅登记了，家里尽管很穷，拿不出很多彩礼，还是借钱为尚梅买了一条金项链、一只金戒指，另外拿出5000元，通过媒人把这些礼品和钱交给尚梅。张云志母亲对尚梅说："别嫌少，这是我们当父母的一点心意。结婚时你用这钱买点自己喜欢的衣服、用品。"尚梅推托一番之后还是收下了。

按照中国人的习惯和说法，结婚，是男方往家娶媳妇，男方应该准备好房子。可是，张云志家没有能力买房，张云志就跟尚梅租了一处单间，作为新婚的住处。对这个问题，两个人在恋爱时就已经商定过，所以双方都能接受，但尚梅父母略感扫兴，认为女儿嫁给一个没有房子的小伙子，在亲友们面前丢面子了，况且给的彩礼实在太少。虽不情愿，却也接受了这个现实。

租到的房子是空的，还必须买床、家具和一些必备的家电、炊具。张云志的父母着急，看着结婚的日子越来越近，就给买了一些东西放进屋里。

尚梅父母到婚房看了，认为都是低档的，很不高兴，就背后发牢骚，但没有当着张云志父母的面提出不同意见。后来，牢骚满腹的尚梅母亲忍耐不住，就对张云志母亲说："现在年轻人结婚，冰箱、彩电都是必备的。现在有了彩电，但没有冰箱。过日子没有冰箱让人笑话。"

张云志母亲说："我们想到这个问题了。我女儿处了一个对象，为了结婚，她买了一个电冰箱，后来她出国了，这个电冰箱是新的，一直没用，等过些日子把这个电冰箱搬来。"

尚梅母亲说："东西不在于用没用，而在于新不新。那个电冰箱没用过也是旧的。结婚用旧家具不吉利。"张云志父母认为，这个电冰箱确实没用过，是一台新的。如果再买一个，实在是浪费，就不打算另买。

怨气开始积累，矛盾开始升级。在准备婚礼期间，一个接一个问题使尚梅父母不高兴，他们忍无可忍，想撕破脸皮跟张云志父母讲讲道理，又怕影响两个年轻人的婚姻和睦，就忍气吞声。

婚礼的日子越来越近，只剩十多天了，这时开始筹划用什么样的婚车接新娘。

尚梅父母提出，接新娘用的婚车，档次应该高一些，车身要加长的，否则在亲友面前太丢面子。张云志的父母表示，婚车是租用的，已经定下来了，租金也交了一半。婚车的档次还可以，但车身不是加长的，如果另选加长的，交出去的租金就要不回来。张云志父母没同意另换婚车。

今日来访，往日有意；今日吵架，往日有气。尚梅母亲看婚车不理想，提出的意见又不被接受，终于忍不住了。多次不愉快的积累，到了一定程度就像火山一样瞬间爆发，不可收拾。她斩钉截铁地对张云志母亲说："这个婚就别结了，我女儿也不是嫁不出去。”

张云志父母闻听此言，目瞪口呆，半天无语。后来张云志父亲说：“我们花了这么多钱，准备到这种程度，他俩的婚姻应该由他俩决定，不能我们说不结就不结。”

尚梅母亲说：“你们家根本就没瞧得起我女儿，我女儿即使嫁到你们家也不会被当人看待。我说不结就不能结！”

张云志母亲问：“为他俩举办婚礼，我们花费了许多钱，你说不能办有什么理由？”

尚梅母亲说：“你们说是为了两个年轻人结婚买家具、买家电，可是为什么不征求我女儿意见？这件事足以说明我女儿在你们眼里没有地位。再说，我女儿跟张云志结婚，你们家就给那么一点东西，就想把我养了20多年的女儿给接去，有这么干的吗？”

张云志母亲说：“我们家经济困难，无力给更多的彩礼。对这个问题我儿子跟你女儿恋爱时就讲清楚了，你们表示不要。”

“我们不要归不要，但你们不应该不给。一个挺大的姑娘嫁给你们，给那点破东西就算完了？你们这是瞧不起人，不在于东西多少。”

尚梅母亲态度坚决，说出的话铿锵有力，掷地有声，尚梅父亲又表示支持，看来他们是事先商量好的。尚梅是他们的独生女，又不想跟父母决裂，她父母表示坚决不能跟张云志结婚，尚梅进退两难。

张云志也认为，既然两家把关系闹到这一步，即使办完婚礼，婚后也无法相处。他跟尚梅父母说：“如果你们实在不同意我跟尚梅结婚，我不强求，但应该把我送给尚梅的彩礼退回来。”

尚梅母亲问：“我们要彩礼了吗？”

张云志说：“我们经过媒人给尚梅一条金项链、一只金戒指，还有 5000 元，当时你们拿过去了。”

尚梅母亲说：“这些东西不是我们要的，也不是我们偷的、抢的，是你们给的。给完了还想往回要吗？”

尚梅认为，她跟张云志的婚姻被双方父母给搅黄了，不可能再成为夫妻，决定把这些东西退给张云志，但这些东西已经被她母亲收藏。

张云志索要不成，又知道自己一家为结婚花费了许多钱财，怒气难平，知道跟尚梅已经登记，是合法夫妻，为了解除这个婚姻关系，为了要回彩礼，他写了起诉书，向法院提起离婚诉讼，要求跟尚梅离婚，并要求判令尚梅返还彩礼和现金。

法院受理后认为，既然两个年轻人都同意离婚，便判决允许离婚；张云志一家给尚梅的彩礼和现金，是在尚梅能跟张云志结婚的条件下给的，现在这个条件没有了，判决尚梅将其返还。

张云志跟尚梅恋爱三年，最后在准备婚礼期间，由于双方父母对许多问题产生分歧致使他们的婚姻走向决裂。

恋爱三年很甜蜜，筹备婚礼把婚离，
双方父母闹分歧，拆散一对小夫妻。

重婚之祸

崔玲被辽宁省营口市中级人民法院判处死刑，宣判后，法官问她是否上诉，她说："不上诉，我杀人犯罪，就想快点被执行死刑。"她低着头，面无表情，泪如雨下，散乱的头发和泪水粘在一起紧紧贴在脸上。

崔玲才 25 岁，妙龄美女为什么要杀人？为什么会被法院判处死刑？要讲清这个问题，咱得从她的婚姻说起。

崔玲是个农村姑娘，20 岁进城打工，在打工中认识了田大伟。田大伟比她大五岁，两人劳动之余经常接触，时间一长，彼此之间产生了感情。田大伟见崔玲高挑漂亮、身材丰满，又能干活，就主动向她求婚："我们都是漂流在外打工的人，如果在这安个家，我们俩在这里共同打工，日子不会穷。"崔玲早有其意，只是没有勇气开口。她腼腆一笑，没拒绝。就这样，他们建立了恋爱关系。

在恋爱中，崔玲了解了田大伟的家庭情况。田大伟说："我家只有父母，年纪都不算太大，田地里的活儿都能干。我曾经结过婚，因为我那媳妇懒惰，不愿干活，后来她又跟我妈闹矛盾，婆媳不和，我跟她结婚半年就离了，你要不信，我这有离婚判决书。”说着，还真的从兜里掏出一份法院判决书，让崔玲看。崔玲既想看，又不好意思看，只是看了看判决书末尾法院的红印章，就对田大伟说：“婚姻曾经不幸，你就会更慎重地处理婚姻问题，这对下一次婚姻的稳定会有好处。”田大伟说：“我们俩既然相处，这个问题我不能向你隐瞒，凡是我认为应该对你讲清楚的，都向你讲清楚。为人要诚实，建立在诚实、互敬、互爱上面的爱情才牢不可破。”崔玲备受感动，她哪里知道，田大伟给她看的是一份伪造的法院判决书。田大伟结过婚不假，但没离婚，在农村他不仅有妻子，还有一个一岁的儿子。

有一天，崔玲对田大伟说：“我们俩恋爱这么长时间，以后找个适当机会，跟双方父母见见面，免得我们恋爱成功，父母再不同意，那不挺麻烦吗！”

田大伟说：“我会在适当的时候带你回家，让我父母看看。但我的婚姻我做主，即使父母不同意，我也不会因为他们反对而改变自己的决定，况且我父母不是那种人，我要看中了，父母不会不同意。”

国庆节长假期间，崔玲对田大伟说：“利用这个长假，我再请两天假，你跟我回家看看我的父母吧。”田大伟说：“我们两个相处，你估计你的父母能同意不？”崔玲说：“估计问题不大，即使有意见，也是参考性意见，不会强硬反对。”田大伟说：“既然这样，我们还不如利用国庆节休假期间在市里玩一玩儿，把省下的路费用到买吃的、买穿的来享受，这不是更值得吗？”

两人继续相处，田大伟对崔玲说：“我们相处这么长时间了，关系稳定，双方都能容纳对方，我们在适当的时候应该结婚，否则不是夫妻又总在一起容易引起他人议论。”

崔玲问：“上哪儿结婚？房子怎么解决？”

田大伟说：“我们就在这儿结婚，没房子就租，许多人都是租房子结婚。我们不想在这里打工了，要回到我老家，把租的房子一退，我们俩就跟我父母在一起住。如果你不愿意跟我父母在一起，在农村我有两处房子，我们俩自己过也可以。”崔玲对他的意见没反驳。紧接着就开始张罗结婚、租房子、购买结婚用品。

崔玲问田大伟：“我们俩什么时候办理结婚登记手续？”

田大伟说：“这简单，只要我们俩同意，去了一个小时就办完。当务之急是赶紧张罗结婚，购买物品，以后时间充足了再去办。”

又过数日，崔玲催促田大伟办理结婚登记手续，田大伟说：“你着什么急？结婚准备不充分，容易埋下祸根。有人登记了，结婚了，因为喜事办得不圆满，离婚的有的是！”

崔玲说：“那也不能不登记啊！”

田大伟说：“到底是女人头发长，见识短，把结婚登记看得那么重要。咱俩首要的任务是租房子，打扫卫生，购买家具、炊具，如果时间充足了就去办，如果没有时间婚后再办。”

田大伟一再推托办理结婚登记手续，麻痹大意的崔玲没怀疑其中会有问题。请记住：麻痹大意，易遇悲剧。丧失警惕的崔玲在没办登记手续的情况下，跟田大伟举行了结婚仪式。

后来，崔玲每提到要跟田大伟去登记，田大伟都会拿出许多理由来搪塞，甚至还会急眼，说："不要把结婚登记看得那么重，登记了，处不好，该离婚的还离婚，没登记的，白头偕老的有的是。"就这样，办理结婚登记手续一拖再拖。他俩始终没办结婚登记手续，是非法同居。对一个良家姑娘崔玲来说，不能不说这是一个悲剧。

再后来他俩有了孩子，一直平静地生活。后来崔玲发现，田大伟总是以父母生病、亲属结婚等理由一个人回老家。崔玲要跟他一起回，他就说："你领个孩子不方便，如果把孩子弄感冒了，这不是更麻烦吗。再说，我在外打工，回家住两天马上就得回来，不能在家住时间长，你跟我来回跑搭上路费，多么不值得。"崔玲见田大伟的理由挺充分，也就一直没去过田大伟家。

他们的孩子两岁时，跟田大伟一起来打工的人对崔玲说："你这孩子长得有点像田大伟的儿子。"崔玲说："这就是田大伟的儿子。"对方说："不对！田大伟的儿子比他高，比他胖，比他黑，这孩子可不是田大伟的儿子。"

崔玲问："你见过田大伟的儿子吗？"

对方说："我怎能没见过呢？他家离我家很近，他儿子体型像他妈，他妈就胖。你这孩子虽然像田大伟，但没有田大伟儿子胖。"

崔玲问："你见过田大伟媳妇吗？"

对方说："见过，田大伟在城里打工，他媳妇跟公婆住在一起。他们家是五间房，他父母住东边两间半，田大伟媳妇领孩子住西边两间半。"

崔玲发现了“新大陆”，就刨根问底，详细盘问。这么一问，对方自知语失，自感泄密，马上挽回说：“田大伟媳妇跟她公婆以前是那么住的，后来他们怎么样我就不知道了。”接下来不管崔玲怎样盘问，对方都说：“这是很多年以前的事，现在什么情况不知道。”

崔玲知道了秘密，就对田大伟说：“我跟你结婚这么长时间，而且有了孩子，应该让孩子见见他的爷爷奶奶。我跟你回家一趟。”田大伟又找出许多理由来搪塞。

最后崔玲说：“你在农村还有媳妇，是不是没离婚？你农村那个孩子跟咱这个孩子长得差不多，就是比他胖，比他大。”田大伟闻言大吃一惊，知道自己重婚丑行败露，也就不再遮遮掩掩，直来直去地对崔玲说：“我农村那个是大老婆，你是小老婆，咱们两下这么过，井水不犯河水，这不挺好吗！”

崔玲说：“国家法律规定一夫一妻，你这不是违法吗？”

田大伟说：“反正咱俩没登记，如果讲到违法，我只有一个老婆，你愿意跟我过就跟我过，不愿意，你就走，我给你自由。”

崔玲惊愕、无奈。想不跟他过了，但已经有了孩子；如果让田大伟跟农村的老婆离婚，看田大伟的表现，那是不可能的。崔玲怀着被欺骗后的委屈和愤怒，窝窝囊囊地继续跟田大伟生活在一起。

忍让是美德，但对不法行为予以忍让则是姑息养奸，会使不法分子更加胆大妄为，肆无忌惮。田大伟有两个老婆，事情既然已经被捅破，他就更加明目张胆。有时回家，他大言不惭地对崔玲明说："我得回去看看农村那个家。"

田大伟走后，崔玲一个人领着孩子在城里生活，孤单、无助、窝囊、憋气。想到被田大伟欺骗的全过程，她感到受到了侮辱，生活的前景黯淡无光，没有希望。她想跟田大伟讲理，讲不通；想打田大伟，打不过；她决定对田大伟进行袭击性报复。

欺骗人常常会遭到报复。崔玲要报复田大伟，怎么报复呢？告他重婚，让他去蹲监狱，崔玲觉得，这便宜他了，因为法院不能判他死刑。崔玲要用自己的方法进行报复，要送田大伟上西天。

愚人发怒，不计后果，图的是一时痛快，崔玲就是这种人。

崔玲跟别人要来一包炸药、六个雷管和一段导火索，做成一个炸药包，准备要到田大伟农村的家，用爆炸的方法杀死田大伟和他在农村的妻子。她做好了准备，就在田大伟回农村老家时，编造个理由，把孩子交给邻居照看，自己拿着这个炸药包到农村去找田大伟的家。

10 月 14 日凌晨 1 时许，崔玲窜至田大伟的住处，站在田大伟家西窗外，用砖头砸碎窗玻璃，然后把点着的炸药包从破碎的窗户扔到屋里炕上。田大伟被砸窗玻璃的声音惊醒，猛地坐起来，这时一包东西扔到他怀里，他莫名其妙，随后就是"轰"的一声巨响，田大伟家西边两间半房屋被炸塌，田大伟跟妻子被掩埋。他们的儿子由于跟爷爷奶奶睡在东屋而幸免于难。崔玲目的达到了，得意地逃离现场。事后，人们在废墟中找到了田大伟和他妻子的尸体。

崔玲遭遇骗婚值得同情，但在法律面前人人平等，被骗的人犯法了同样要受法律制裁。

要结婚，先登记，
合法婚姻才能避免麻烦和悲剧。

借刀杀人

孙延民是辽宁省铁岭市孙屯村的农民，家里只有他和母亲两人相依为命。到了应该娶媳妇的年龄，孙延民却一直没娶上，原因有二：一是他母亲双目失明，没人愿意去照料；二是他本人条件太差，性格鲁莽，头脑简单，说话吐字不清，面容口歪眼斜，实在说不过去。

孙延民 42 岁那年母亲去世，这时村里有人给他当媒人，给他介绍的是上营子村离异妇女宋兰芳。这个人一直没生育，离婚后就自己一人生活。她长相还说得过去，属中等，但她错误地认为，三分长相七分打扮，这一打扮，使许多人不好意思正视她的脸，她自己却认为这样很美，天天梳妆打扮，浑身飘香。

长得俏来总是俏，打扮俏来惹人笑。再加上“寡妇门前是非多”，人们就送给她一个外号叫“大鲜桃”。这个外号，不光是说她爱臭美，喜欢浓妆艳抹，还有其他不可言传的意思在内，她心知肚明，所以若有人叫她这个外号，比骂她祖宗还厉害。

一天中午，有个年轻人路过这里想买点儿水果解渴，在村口遇上一群放学回家的男孩子，就问：“小同学，我想买点儿水果，谁家有啊？”一群调皮的孩子们哪有正经，其中一个说：“村西头，门前有棵大柳树那家有大鲜桃，她家卖。”

年轻人信以为真，按照指点，来到大鲜桃家门外，问正在院内洗衣服的大鲜桃：“大嫂！你家卖大鲜桃吗？”

大鲜桃放下搓衣板，一下子蹦起来，三步并作两步，鼻子不是鼻子脸不是脸，问：“你是哪儿的？”

“外地的。”

“你买啥？”

“买大鲜桃。”

“放屁吧！你妈卖，你回家买吧！”

“不卖拉倒！你怎么骂人呢？”

大鲜桃气得呼哧呼哧直喘粗气，不跟他理论，伸手就打。这个年轻人莫名其妙，以为她是疯子，撒腿就跑。后来问了村里人才知道，这个妇女外号叫“大鲜桃”，这个外号包含着“生活作风不正派”的意思，原来他被几个小学生戏弄了。

这件事儿使大鲜桃大为伤感。她铁了心：不管遇到什么人，只要能离开这个村，男方同意就嫁给他。

就在这个时候，媒人把她介绍给孙延民，孙延民捡个便宜货。孙延民的婶娘不同意，认为孙延民没有心眼儿，说：“找对象，都想找好的，但也得看看自己的条件，要注意般配。你孙延民长相不好，又不是能说会道的，找个比你强得很多的人，那是守不住的。”这样一来，孙延民这边既不说定下来，也不说告吹，犹豫不决。

拖了好长一段时间，由于媒人的努力，孙延民还是娶了大鲜桃。

头两年，大鲜桃还老老实实地跟孙延民过日子，后来，就总看孙延民不顺眼。她后悔了，认为随便找个男人都会比他强。女人不爱丈夫，别人就会乘虚而入。很快，本村的有妇之夫高深就与她勾搭成奸。有一次被孙延民堵在屋里，高深给了 100 元私了。但孙延民不知道，后来大鲜桃又把这 100 元还给了高深。

高深见孙延民人窝囊，再加上有大鲜桃撑腰，仍然常常出现在孙延民家。孙延民为了躲避高深，经人帮助，迁居二里之外的沙包子村，在那里落户。谁知这一搬竟然避坑落井。

香花招蜜蜂，臭味招苍蝇。名声不好的女人容易引来寻花问柳的野男人。沙包子村有个老光棍儿叫王海波，是村里的电工，他听说大鲜桃的风流韵事，就常来软磨硬泡，不是来看电表，就是来收电费，再不就是检查线路，来了就坐在屋里跟大鲜桃唠起来没完。大鲜桃的恶习不改。她认为，失去贞操只有一次，以后就不当回事了。她很快就成了王海波的猎物。在言谈中，王海波看得出大鲜桃对孙延民烦得厉害。

王海波为了跟大鲜桃结婚，就让她离婚。大鲜桃说："离婚总得有点理由。孙延民一没打我，二没骂我，我说啥是啥，冷不丁提出离婚怎么开口？"说着，大鲜桃还告诉他一件事：她在孙屯住的时候，有个叫高深的人跟她好，搬到这以后，高深还来过，孙延民发现后两人还干了一仗，打得你死我活。

王海波说："你让高深再来一次，让孙延民跟他打个你死我活。如果高深被打死，孙延民得去偿命；如果孙延民被打死，省得你再去离婚。"大鲜桃恍然大悟，这真是一箭双雕，好主意！接着，他俩就详细研究了行动步骤。

只要找机会，机会总是有的。大约过了两个月，机会来了。那天，大鲜桃在农贸市场上偶然遇见高深，谎称孙延民外出干活儿不在家，并约他当晚10点钟到家里来相会。高深美滋滋地答应了。大鲜桃又马上通知王海波，让他晚上前来助战。晚饭后，王海波以检查线路为名来到大鲜桃家，就跟孙延民、大鲜桃唠上了，一直唠到10点也不走。

当晚10点高深准时来了，院子里传来了脚步声。大鲜桃把孙延民和王海波推到里屋，不让他们说话，让听听是谁来了。大鲜桃打开门，高深一进屋，大鲜桃就推开里屋门，把王海波和孙延民放出来。王海波拽住高深就打，大鲜桃鼓动孙延民动手，并递给他一把斧子。孙延民蠢笨如猪，很容易被人利用，他知道高深与自己老婆的关系，见他这么晚还来，当然火冒三丈。这两个男人一起动手，不一会儿就把高深打死了。王海波见高深确实死了，而且颅脑有明显的凹陷，是孙延民用斧头砸的。他和孙延民把尸体拖到院子里，用两捆秸秆盖上，他俩收拾完屋子，孙延民说："我去告诉村长。"

王海波怕按自首对待，免去孙延民的死刑，就说："别没事找事，他死了，是他自找的，夜闯民宅，不怀好意，打死也白死。"

大鲜桃明白王海波的意思，也冲着孙延民说："胆儿真小，用不着报案！他的死，是他自找的。一会儿把尸体拖到大街上，狼撕狗咬与你无关。”孙延民和王海波还真的把尸体拖到大街上，弃之不管。

王海波当晚回家，第二天，公安机关对尸体进行了检验，发现尸体上有钝器伤。随后对孙延民、大鲜桃、王海波进行了询问。孙延民说：“高深来奸污我媳妇，我才用斧头砸他。”大鲜桃说：“我以前欠高深 50 元，他可能是来要钱的。但肯定不是来调戏我，因为晚上我爱人在家，他不会在这个时候来。”而王海波则说：“我去检查线路偶然遇上了这事儿，与我无关。”

认定案件事实不是靠他们说的，而是靠证据。人民法院开庭审理此案，查清事实，依法作出判决：认定大鲜桃宋兰芳、王海波和孙延民均犯故意杀人罪。大鲜桃和王海波是主犯，孙延民是从犯，对他们判处了不同的刑罚。

香花招蜜蜂，臭味招苍蝇；
寻求婚外恋，常常遇灾星。

挑间起火

辽宁省大连市金州区一个渔村的渔民于守信，杀死了妻子、孩子、岳父、岳母，被大连市中级人民法院判处了死刑。辽宁省高级人民法院复核这起案件时，于守信详细供述了杀人起因和经过。他说：

我跟钟华结婚三年，女儿两岁，生活平稳、正常。那天孩子感冒了，发烧，咳嗽。钟华说：“咱俩把孩子抱到卫生院，给扎一针。”因为当时我正在看电视剧，我说：“卫生院就在前面不远，孩子才两岁，你自己抱去吧，你也不是抱不动。”钟华不高兴，抱起孩子就走，顺手把门“砰”的一声关上了，声音挺大，表示她不高兴了。

当时我妈住在咱家，邻居张大嫂也在咱家坐着。她这一摔门，屋里人都觉察到了声外之意。

我妈说：“她让你去，你就去呗。”

我没吱声，仍然看电视。至此，这件事也就算拉倒了。谁能想到，就因为这点儿事，我一步一步走上了杀人犯罪的道路。

首先是邻居张大嫂挑间起火，然后又火上浇油。她对我说："你小子真没骨气！她敢当你妈面耍脾气，耍一回，就有第二回、第三回，以后你就别想直腰了。男子汉，我就佩服前街二柱子，他那媳妇也不是个好惹的，就因为跟婆婆顶嘴，二柱子把媳妇头发薅住，好一顿揍，把媳妇打得折折服服，再不敢顶老太太了不说，见到二柱子像耗子见猫，大气不敢出，服服帖帖，那才叫大老爷们儿呢！你呀，完蛋的货！"

我年轻，看不出张大嫂的真面目。我妈年纪大，听张大嫂这一说就断定她不是个好东西。张大嫂走后，我妈跟我说："你家邻居张家媳妇煽风点火，是个惹事的货，不是好人，遇事可不要听她的。"我妈说完，我也没在意，事儿也就过去了。

过了些日子，一天傍晌，钟华弟弟来了，做菜时钟华发现酱油瓶子空了，让我去买酱油。钟华弟弟才 14 岁，是小孩子，腿脚勤，他又常来，我就让他去给买。钟华不高兴，说："他知道商店在哪儿？你怎么的，就等吃现成的啊！"说完就自己出去买，临走时，门又"砰"的响了一声。这时我就想起张大嫂说那句话：有第一回，就有第二回。我觉得要不教训教训她，就得像张大嫂说的那样，我一辈子甭想直腰。

钟华买完酱油回来了。一开门，我就问她："你刚才摔什么？"

"我摔什么了？"

"门都摔坏了！"

"风刮的！"

我来气了，想起张大嫂讲的二柱子打媳妇的事，就给她一个嘴巴子。钟华毫无提防，挨了一下，酱油瓶子掉地上了。

我说："你还敢摔瓶子！没王法了！"我就学张大嫂讲的二柱子，薅住她头发，用拳头打她后背，"哐！哐！哐！"打了几下。钟华弟弟给拉架。我看钟华和弟弟都哭了，也就没再打。

钟华弟弟见我们打起来，也没在这儿吃午饭就回去了。钟华挨打，不跟我说话。我看她总不理我，我就来气了，说："你挨打是自己找的，还委屈吗？如果委屈，咱离婚！"

她说："离就离，没啥了不起的。"第二天早饭后，张大嫂过来，见钟华眼睛哭肿了，就刨根寻底问原因。钟华心眼儿太实，以为她是近邻，又常来常往，就把这事儿全跟她说了。

张大嫂说："离什么婚呢，你们离婚，孩子咋办？守信要离婚这是将你军，你要是回娘家住几天不回来他就熊了，保管再也不敢用离婚来吓唬你了。"

钟华信了，趁我不在家，把自己和孩子常穿的衣服包了一大包，真的把孩子抱回娘家了。我回来发现书桌上有张字条，上面写着："我回我妈家，等你离婚。"

钟华回家了，张大嫂又来火上浇油，跟我说："她妈要是个明白事儿的，就能把钟华送回来。她妈要是浑，钟华想回来也不能让。这事儿反正得让钟华向你投降。就是你们真的离了，就凭你这小伙儿不愁找不到对象，还能打一辈子光棍儿啊？我真不信！"

张大嫂就这么里外挑拨。因为我们一直相处很好，我没提防她。现在回想起来，这场事儿都是她从中给煽风点火、火上浇油造成的。

时间一天天过去了。钟华生活得还挺好，身边有孩子，再加上有父母兄弟姐妹，并不怎么寂寞。我一人在家不行，受不了。再加上张大嫂总给我打气，我也不想服软、不想谦让。我不想这样长期拖下去，怎么办？我买了一把杀猪刀闯进钟华娘家，心想：在我面前只有两条路：你钟华跟我回家好好过日子，要不，咱谁也别想好。

我去了之后，钟华和女儿在那儿，钟华的父母也在。我对钟华说："走！跟我回去。"

来的时候我没想说软话，所以这话儿有点硬。钟华问我："你不离婚了？"

我说："你少废话！你回不回去？"

钟华不再吱声，既不说回去也不说不回去。这时钟华父母如果劝劝钟华，这事儿也好收场。可是她母亲说："咱倒不用你赔礼道歉，你把她接回去，可别再打了，打人犯法。"

她父亲对钟华说："他要保证以后不打你，你就跟他回去。"

听了二老的话我火冒三丈，对他们说："我现在才明白，钟华为什么不回去，就是你们这两个老东西不让回去的！"

钟华说："关俺爸、俺妈什么事，你有话好好说。"

"好说个屁！今天咱谁也别想好！"

我在气头上拔出杀猪刀，先捅钟华，接着又去捅她父母，捅完又逐一补刀，直到把他们一个个都杀死才住手。这时，我看见我女儿还在床上睡觉，剩下她自己怎么办？她没妈了，爸爸也得被枪毙，留她一人在世上活遭罪干什么，让她也一起去得了！我拿刀来到女儿身旁，割下人头，扔到地上。地上血有一寸深，四具尸体横倒竖卧。

我忘记了是由于看电视还是看书知道历史上有个人杀人后，蘸着被害人的血，在墙上写下自己名字的事，我也抓起门帘布，用刀割下一块，蘸着地上的血，在墙上写六个字："杀人者于守信"，其目的是让公安人员别再怀疑别人，是我干的。抓到我，我就去死，抓不到，我活一天算一天。我在外边躲了几天，后来，一天夜里回家取衣服被公安抓住了。

大连市中级人民法院认定他犯故意杀人罪，于守信受到法律的严厉制裁。

息事宁人是君子，挑间起火是小人。
近君子得平安，近小人有灾难。

鬼节烧纸

民俗认为，人死了会变成鬼，到阴曹地府继续生活。农历七月十五是鬼节，这天阴曹地府要放假，就像人间过春节，要放7天长假一样，大鬼小鬼们要到街上溜达、游玩、购物，这样一来，兜里没钱不行，于是不少人在这天要给已故的亲人烧纸送钱。

辽宁省鞍山市铁西区的蒋松和陈晓悦，这天因为给已故父母烧纸送钱产生纠纷，他俩才结婚半年，竟然因为这件事到法院去离婚。

以前人们送钱是买黄纸，打上印记，表示在上面印了钱，而现在科学发达了，认为打印记钱数不明确，后来就直接印出冥币，明确印出是阴曹地府银行发行的钱币。面值大小不等，面值小的有1元、2元，面值大的有1亿、10亿、100亿。

蒋松的母亲去世了，陈晓悦的父亲也去世了，他俩决定，要在农历七月十四这天晚上，也就是在鬼节来临之际给这两位老人送钱。他俩从街上路边买了不少冥币，面值有小有大。回家后，蒋松把这些冥币包成两包，晚饭后，一起来到十字路口，在地上画了两个圈儿，这两个圈儿，在朝向放他们父母骨灰盒的地方留个小口，以便烧完的冥币能顺着这个小口送到他们父母身边。蒋松把他包的这两包冥币分别放在两个圆圈内，点燃，给去世的亲人送钱。

在烧纸时，陈晓悦捡起路旁一根树枝，先后挑起这两堆纸，目的是让纸快燃。她突然发现，不对，蒋松给他母亲烧的那些冥币，面值都很大，有1亿元、10亿元、100亿元。而给自己父亲烧的这些冥币面值全是小的，有1元、2元、10元，连1亿元的也没有。她当场就跟丈夫吵起来。蒋松说："这些冥币已经烧完了，如果你在意这个问题，等来年我们烧纸时，多给你父亲烧些面值大的。"

陈晓悦说："我们俩结婚，应该平等地对待双方父母和亲属。不能厚此薄彼。给去世的老人送钱，这到底有没有用，我也怀疑，但你给你的母亲烧了许多大额的冥币，而给我父亲则烧些小额冥币，这种做法不对，这反映出我们双方的父母在你心目中位置不一样。"

蒋松争辩说："我母亲生前是做买卖的，花钱大手大脚，给她送少了，不够花，而你父亲生前十分节省，即使给他送去许多钱，他也舍不得花。"

陈晓悦说："正因为我父亲舍不得花，咱才要多给他送一些。你不能平等地对待双方父母，这是原则问题。如果以后在生活方面你继续这样做，我们俩还怎么平等相处？"

蒋松理屈词穷，说："别吵，我错了，以后在对双方父母和亲属方面，我能做到平等相待。现在纸也烧完了，咱们赶紧回家吧。"说完把陈晓悦拽回家。

回家后，陈晓悦不依不饶，继续跟他争辩。

蒋松说："你别看我给我母亲烧了一些面值很大的冥币，其实这些都没有用，不要说是面值 100 亿的，就是拿一张 1 亿元的到街上买瓶水都买不到，因为人家没有办法给找零。给你父亲送去那么多零钱，他花起来方便，对他有好处。"

他不解释还好，这一解释，陈晓悦立刻火冒三丈，说："你以为我是傻子啊！是小孩子啊！你怎么不给你母亲送那些面值小的……"两人争吵没完。

蒋松知道，跟老婆争辩是非对错是愚蠢的，他害怕争辩下去后果不好，就一而再，再而三地服软、让步，但陈晓悦得寸进尺，不依不饶。后来蒋松不再让步，两人争吵加剧。陈晓悦说："我们离婚吧！"蒋松说："你到法院起诉，法院判决离婚，我就跟你离。"

按照《民事诉讼法》的规定，案件由被告所在地法院管辖。陈晓悦向辽宁省鞍山市铁西区人民法院提起离婚诉讼，该院民事庭受理了此案。

法院首先进行调解。在调解中，陈晓悦讲述了提出离婚的理由，就是蒋松不能平等地对待双方老人。法官又询问了蒋松，问他："陈晓悦提出离婚诉讼，你是否同意离婚？"

蒋松说："法院如果判决离婚，我同意，不会上诉。"

承办此案的法官听了陈晓悦提起离婚的理由和蒋松的意见后，没有耐心继续调解，而是直接对他俩说："法院是讲理、讲法的地方，不是吵架、斗气的地方。不能平等地对待双方老人，这不是判决离婚的理由。根据法律规定，法院判决离婚，必须是夫妻感情彻底破裂。由于你们没有证据来证明夫妻感情已经彻底破裂，对你们的离婚诉讼法院不会同意。你们回去吧，好好过日子，别再斗气了！”

陈晓悦和蒋松两个人灰溜溜地退出法院，这场离婚闹剧才落下帷幕。

要想夫妻关系牢，宽容、忍让、别争吵。

三角恋爱

这是一起由三角恋爱引发的血案。

张艳被辽宁省抚顺市中级人民法院以故意杀人罪判处了死刑，宣判后她上诉。上诉理由是：人是唐奇打死的，对我判得太重。

案件报到辽宁省高级法院，我是二审主审法官，一大堆卷宗摆在我的办公桌上。这些卷宗由三部分组成：一部分是公安机关的预审卷，有现场勘查照片，有被告人指认作案现场的照片，也有死者死亡原因的法医鉴定，还有讯问笔录、各种证据，等等；另一部分是抚顺市人民检察院的卷宗；还有一部分就是抚顺市中级人民法院的一审卷宗。我看了一审案件的审理报告和判决书，知道这是一起因为三角恋爱，两个小伙子争风吃醋，其中一个杀死另一个的案件。这种事儿司空见惯，并不稀奇，只不过这起案件是“三角”中的“两角”联合起来，杀死了另“一角”，案情稍微复杂了一点儿。

在一审卷宗里，有一个大信封装着一幅上诉人张艳的大幅艺术照。张艳长得很漂亮，能与年轻漂亮的电影明星媲美，但把她艺术照片装到卷宗里我实在不解其意，好在一审承办人是小刘，我们很熟悉，我就打电话给他。他说："这是一个照相馆老板送来的。因为这幅照片原来是镶在照相馆橱窗里的，老板听说张艳是杀人犯，才把它撤下来。撤下来往哪放呢？撕了吧，挺可惜，张艳漂亮得很。老板知道法院正在审理这起案件，就送到法院。我们没撕，也没退给张艳家属，书记员顺手把它装到卷宗里了。"

按照当时《刑事诉讼法》的规定，对事实清楚的、当事人对案件事实没提出异议的，二审可以不开庭，但必须到看守所提审上诉人。

那时我就为退休后写警世案件收集素材，也想收集点儿照片作封面或者插图。提审张艳时，我还带上了照相机，觉得上诉人是一个妙龄少女，戴着手铐、脚镣在接受审讯，这张照片一定别有特色。

当时，张艳和唐奇都押在抚顺市第一看守所。在那里，我和书记员提审了张艳。审讯前，我跟张艳说了要拍一张照片的想法。没想到她不同意，问我："我是不是有权利拒绝法院拍照？"我说："对这种拍照你有权利拒绝。你若不同意，我们不照了。"她解释说："我戴着手铐、脚镣，身后又是看守所的铁窗、铁栏，这样的照片一旦发表，让熟人看了不好。"她说话直爽明快，语音也极清晰。

也许是因为她拒绝拍照，怕得罪了我，在一再解释、道歉的同时，回答我的问话也非常痛快。

我问："你以前的供述都对吗？"

"都对。"

“如果有错的地方，可以更改，甚至可以翻供，但必须实事求是，法院靠证据定案。”

她忙说：“不翻供，我要说明的是，把张善生打死的事儿是唐奇干的，我只是在他打人的时候帮他按着人了，是唐奇致张善生死亡的。”

我让她详细讲述犯罪经过。她这样说：

前年春节，经我舅舅介绍，我认识了他们厂宣传科干事张善生。见了两次面我们就确立了恋爱关系，从那以后，我们经常来往，张善生经常到我家来，还在我家吃过饭，我也常去他家。

过了半年，我们车间的唐奇和我关系开始密切。他比我大两岁，有一天他问我：“你有男朋友没？”我说：“没有。”因为我和张善生仅仅是在恋爱，至于以后结果会怎样，会不会告吹，实在说不清。我害怕恋爱不成引起不好的议论，所以对这事儿一直没声张，厂里的人都不知道，我跟唐奇也就没说实话。唐奇说：“以后给你介绍一个。”唐奇性格活泼，我们经常开玩笑，跟他说话也比较随便。我说：“你介绍的还能有好人啊？”他说：“肯定好！你相不中这个，还有别的，实在都相不中，还有我呢！我宁可做牺牲。”我回他一句：“就你那熊样得打一辈子光棍！”他嘻嘻一笑。

话说完了也就完了，他没给我介绍男朋友，但从这天起，我发现他比以前跟我亲近多了。有一次，我的鞋带开了，他竟蹲在地上给我系上，要是以前他才不干这种事呢！他经常用眼睛瞅我，挑逗我，我理解，这可能就叫传情递意的“暗送秋波”。他还常把真话当开玩笑话来说。国庆厂里组织我们去看电影，在途中，唐奇凑到我跟前对我说：“看电影得跟我未婚妻坐在一块儿。”

我问他：“谁是你未婚妻？”

他笑嘻嘻地说：“你啊！咱俩处这么长时间了，全厂都知道，中央电视台都播了，全国上下没一个不知道的，你咋装糊涂呢？”说完就笑。跟他在一起，我觉得挺愉快、挺开心。

我和唐奇，先是工友关系，后来是好朋友，到最后，也说不清什么时候就变成了恋爱关系。他问我：“咱们结婚，你父母能同意不？”我没有思想准备，随便就说了一句，“我的事，别人谁也不管”。从那以后，我和唐奇的关系也明确了，从工友、朋友发展到恋爱关系了。

当时我也觉得这样不好，不能同时与两个人恋爱，万一让他俩知道了，非得责怪我不可。我在细心比较这两人的长处、短处后，决定“辞掉”一个，然后一心一意地与另一个保持恋爱关系。但我的犹豫时间拖长了，到事情真相大白时，我们的“三角关系”已经拖了半年多。

当时我认为，不管男人还是女人，有几个异性朋友无可厚非。我和张善生、唐奇两人在同时恋爱，尽管不好，也不能说是违法犯罪。恋爱本来就有两种可能，不仅有可能是恋爱成功而结婚，也有可能恋爱不成功而分手，这都很正常。

我经过比较，他俩各有各的优点，各有各的缺点。张善生是个书生，稳重、好学，有发展前途，家里经济条件也好，房子有两处，结婚不愁没房子。毛病就是过于一本正经，跟他在一起枯燥无味，没有欢乐。唐奇与他相反，唐奇活泼，说话幽默，愿意开玩笑，跟他在一起有乐趣。虽然他穷，没房子，但如果与他结婚能生活得挺开心。

留哪个，“辞”哪个，我一时拿不定主意。为了不产生矛盾，我安排得很巧妙，每逢阳历的单日，与张善生会面，双日再与唐奇约会，让他俩见不到面。等到时机成熟，我在他俩当中选一个，“辞掉”另一个。这样，既能保证恋爱的成功率，又不至于因为恋爱不成而耽误了宝贵的青春时光。我现在才明白，当初不与他们明确是恋爱关系就好了。与他们保持工友、朋友关系，以朋友身份与他们往来就没有那么多说道。广交朋友，什么毛病不犯，与两个人同时恋爱确实不对。

时间拖长了，终于露了马脚。有一天唐奇很严肃地问我：“听说你正在跟别人恋爱，这是真的吗？”

我很吃惊，他怎么知道？由于我没能及时、果断地回答，他就判断出我在跟他恋爱的同时，确实还跟别人恋爱。他一改往日的笑容，既严肃又认真地跟我说：“你知道吗，为了跟你一心相处，我拒绝了多少个姑娘？咱俩近半年来的关系是明确的，你要不想跟我处，得告诉我一声，怎能骗我呢？”

唐奇严肃的脸十分吓人，也许是因为我有过错，内心就感到害怕。

唐奇仍然跟我关系挺好，我们仍然在相处。谁知，他在跟我相处的同时，就像个侦探，不知怎么打探到了张善生的姓名、电话和单位。他俩背地里开始接触上了，并且发生了纠纷。

张善生来到我家，也挺严肃地跟我说："咱们恋爱这么长时间，你到我家也去过多次，我的亲属、朋友都知道。如果咱们中断恋爱关系，是不是得有个理由？你们厂的唐奇已经跟我吵了好几次，你看这个事儿得怎么处理？"

唐奇背后去找张善生吵架，这事儿我一点儿没想到。事情复杂了，我开始害怕，思想上背上了一个大大的包袱。

这两个人见我就问怎么办。唐奇责怪我，说我耽误了他的婚姻，因为在这期间，他推掉了好几个很好的姑娘，造成这个后果问我怎么办。张善生则说我欺骗了他，也欺骗了他们全家和所有亲友。从这以后，我们见面就争论这件事的是非对错。

说也怪，既然他俩都说我不对，在恋爱中，我欺骗了他们，他们怎么都不提出跟我告吹？如果他俩都不跟我处了，我就另选别人。或者其中有一个跟我告吹，我跟另一个结婚，这个结局也好收场，偏偏这两人都不让步。唐奇逼我说："你不想跟谁处，说个原因，如果实在不好解决，咱去找厂里工会。"张善生也不让步，说："你同时跟两个人恋爱，咱让你舅舅评评理。"

事儿越闹越大，我无路可走。唐奇总在背后主动去找张善生理论，张善生的理由是：是我先跟张艳确定了恋爱关系，你唐奇凭什么要第三者插足？而唐奇的理由是：别说你们没结婚，就是结婚了，张艳看好我了，她有权离婚，她愿意跟我结婚，这是她的自由。婚姻自由谁也管不着。这两人每逢争论一阵之后，就各自来找我理论，他们都缠着我不放。张善生跟我说："非你不娶，说别的没用。"唐奇则笑里有怒，怒里有笑地说："咱三个人大干一场，拼个鱼死网破。我不弄死张善生，咱俩也得到阴间去结婚。"说完还挑衅地问我："你以为我只是说着玩的吗？"

他的话提醒了我。"三角恋爱死得快"这话有些道理，看来不除掉一个肯定不行了。除掉谁呢？怎么个除法？我开始考虑。为了不弄得满城风雨，也只能联合其中一个，干掉另一个。杀人的事张善生不能干，只能联合唐奇，除掉张善生，要不，这场纷争无法平息。随着他俩的争吵，我这个主意也就逐渐确定。我等待时机决定联合唐奇一起下手。

我听了张艳这段供述，问她："杀人，不怕受到法律制裁吗？"她没犹豫，又接着往下说：

我杀人有两个原因：一是事情发展到这一步不好处理，不除掉一个我也很危险；二是我有侥幸心理，认为干得神秘，不留蛛丝马迹，案件破不了，不会出事儿。

听了张艳的供述，我真真切切地发现：心存侥幸，认为只要干得巧妙就不会落入法网，这是犯罪者的共性。张艳继续说：

我联合唐奇杀害张善生，这话没法开口。在气头上说一说可以，动真格的，也许唐奇不干。我只好等时机用话探探唐奇，弄清他的底细。他若不干，再另想办法。

那天唐奇又来跟我磨叽这事儿，我趁机就说："不管我对也好，错也好，事情发展到这儿了，我也没办法处理。咱俩还能把张善生杀了吗？再说，你有那个胆量吗？”

我说完就观察他的表情，想从他的表情上看出他的态度。唐奇又惊又喜，好像早有这种想法，马上说：“张善生这小子不识趣。你俩先恋爱，后来你又跟我好，他应当知道你不中意他，要是明白人，自动就退出了。他是自己找死。你要有这个想法，我帮你。”

就这样，我们俩当即研究了杀害张善生的具体办法、时间、地点、步骤，甚至就连杀人后尸体怎么处理都安排好了。

按照我们的安排，9 月 25 日这天，我约张善生到我家来商量这件事，他来了。我给他冲一杯咖啡，里边放进了鼠药，这是唐奇的主意。唐奇说，咖啡味苦，放进鼠药不易喝出异味。张善生喝了果然没有发觉，等他呕吐、昏迷时，我就按事先的约定，打开小气窗，向室外的唐奇报信。躲在远处的唐奇看到了，知道我是让他进屋杀人，他很快就来了。

他进屋见我正在给张善生捶后背，就从厨房拿出一根我们事先准备好的大擀面杖，抡起来就往张善生头上砸。我怕张善生反抗，就趁势摁住他，唐奇专往他的太阳穴上砸。砸了多少下也记不清了，反正是一直把他打得一点儿不动了我们才住手。

唐奇怕他不死，还用双手掐他脖子。张善生心脏不跳了，停止了呼吸，确认他已经死亡，我们就拿出事先准备好的大纸箱。我和唐奇一起动手，把尸体装进去，用绳子把纸箱捆好。当时是傍晚，太阳快要落下去了，我们决定立即把尸体运走，防止等到天黑反而引起别人注意。我们俩在自行车后货架上放块木板，然后把这个大纸箱抬上去，绑好。唐奇推自行车，我在后边给扶着，准备扔到郊外浑河边。

我们推着自行车大摇大摆地走，穿街过巷，确实谁也不注意。身旁的人们都在急急忙忙赶自己的路，没人观察我们。走到一段下坡路，路面不平，自行车一颠，我没扶住，纸箱从货架上重重地摔下来。这一摔，纸箱裂口了，张善生的一只胳膊从纸箱裂口处伸出来，很明显，像是在向路人举报我们。我赶紧蹲下去，想把他的胳膊从裂口处再装进纸箱。路旁的行人看见了，有过来看热闹的，唐奇一看，不好！说声“快跑”，他扔了自行车就跑。当我反应过来想跑时，唐奇没影了。我也迅速钻进了人海里逃回家，给唐奇挂电话。他说：“我们的自行车扔在现场，自行车的架子上有号码，很快就会找到我们。你赶快带点儿钱，我在火车站等你，咱俩跑吧！快！”当我到火车站时，已有大批警察集结在那里，对路人细细盘查。我们又决定改乘汽车，没想到，汽车站也被封得死死的，逃不出抚顺市了。我们预料很快就会被捉住，在无路可走的时候我们决定自首，争取得到从轻处理。我们约定，就说张善生是因为饮酒过量，酒精中毒死亡，不是我们害的，我们只是怕引起怀疑才抛尸。这事儿是我和唐奇两人干的，但实事求是地讲，我仅仅是帮助摁住张善生，是唐奇用擀面杖把他打死的。请法院从轻判处。

我告诉她，我是个审判员，像这样的人命案，最终如何处理，要经过合议庭、审判委员会多次集体讨论决定。审判员的职责就是查清事实，如实汇报案情。虽然也可以提出处理意见，但要想从轻处罚得有从轻处罚的理由。你和唐奇在发案后，虽然都能到公安机关投案，但由于讲了假话，一审法院认为不符合自首的情节是对的。因为经过法医鉴定表明，张善生是被打昏以后，被他人扼颈窒息死亡的，况且在张善生的胃里，还发现了剧毒药品毒鼠强，并非饮酒过量而酒精中毒死亡。

这起案件的发生，给人们留下了深刻的警示。

广交朋友可以，三角恋爱不行。

拆婚悲剧

8 月上旬的一天上午，辽宁省鞍山市千山公安派出所接到报案：一群中学生在千山风景区采蘑菇，在山坡的密林深草中发现一具高度腐烂的女尸。

千山公安派出所立即向鞍山市公安局报告，公安机关的一支侦破队伍立即赶到这里。经过现场勘查，很快就怀疑这是 24 天前失踪的杨美玲，将其家人领到现场，根据尸体上仅存的袜子、内衣和头绳，确认死者正是杨美玲。杨美玲 27 岁，是个未婚女工。

是自杀？不对，如果是自杀，衣服、裙子、凉鞋、提兜不会被洗劫一空；是遭歹徒抢劫而被害？也不对，死者怎会只身一人来到这密林草丛中？经过周密分析，训练有素的公安人员很快就把凶手限定在死者的熟人之中，而且认为很可能是死者的恋人所为。

死者母亲提供了线索：杨美玲曾与同厂青年朱一年有恋爱关系。朱一年是鞍山市一个工厂的宣传科干事。经过查看这个厂的出勤簿，杨美玲失踪那天，朱一年没上班，有作案时间，还有其他迹象表明，朱一年很可能就是杀人凶手。

朱一年被带到公安局接受讯问。他很坦率，说："杨美玲是我掐死的，请求给我一颗枪子儿，让我立即就死。"他为了证明自己杀人，为了争取早死，还向公安机关提供了许多杀人证据，交出了拿走的衣服、裙子、皮凉鞋、手提兜……

他为什么杀人？为什么想死？这得从他与杨美玲恋爱的事说起。

朱一年说，他命不好，是苍天跟他作对。在婚姻问题上，别人能一帆风顺，他却一步一个坎儿。

朱一年的父亲是工程师，50 岁那年，因心脏病突发猝然去世，家里只有他和母亲相依为命。朱一年从 17 岁起，就有人给他介绍女朋友，直到 21 岁，算起来有二三十个，他都没理会。他认为自己是个孩子，还没参加工作，不好意思谈这个问题；母亲也认为儿子年纪小，不着急。22 岁他有了工作，在工厂宣传科当宣传干事，觉得这时可以考虑婚姻问题了。媒人是他的科长，姑娘是科长的侄女，即杨美玲。在科长家，这对年轻人见面了。杨美玲当时 20 岁，一米七的大个儿，长得也俊俏，一下子就把朱一年吸引住了。

杨美玲的父亲原来是厂长，被认为有问题，受了委屈寻短见自杀身亡。姑娘还有两个姐姐，都已出嫁，家里只有她和母亲，比较清静。而朱一年，白净面皮，说话瓮声瓮气，既有男子风度，又有文人气派。他是宣传科干事，又是团支部书记，这些，都是杨美玲深感满意的。媒人是杨美玲的叔叔，杨美玲和她母亲都很放心。两个年轻人相见恨晚，从这天起，他们建立了恋爱关系，而且发展顺利。

用朱一年的话说，"一旦顺利，就有岔头相伴"。第一个岔头是姑娘的母亲造成的。

他俩恋爱数月，关系稳定，杨美玲的母亲要看看朱一年。一天，朱一年应邀来到杨美玲家。包饺子、炒菜，一家人欢欢喜喜。朱一年一表人才，杨美玲的母亲也一百个称心如意。谁能想到会在吃饭闲唠时出了岔头！

姑娘的母亲从朱一年口中得知：朱家是富农成分，他的爷爷在旧社会是个有钱人。就因为这，她劝女儿这门亲事应该就此拉倒，别处了。她女儿认为：如果因为别的，母亲的意见可以考虑，单单为这个不能中断恋爱关系。母女俩意见不统一麻烦就出来了。

妈妈说："你没经历过'文化大革命'，那时候，那些地主、富农、资本家出身的人，让人斗得不像个人样，咱凭什么要嫁给这样的人家？除了姓朱的这个，再找不着了吗？你刚到 20 岁，着什么急？"

姑娘听妈妈说她找对象"着急"，没好气地反驳说："'文化大革命'这都过去多少年了！'文化大革命'再也不会有了！再说，朱一年是团支部书记，有文凭，是厂里培养的'苗子'，现在单位用人都不看家庭成分了，哪还有家庭成分问题！你年纪大了老脑筋，你懂得啥啊？你知道现在形势是咋回事？"

母亲也急了，说："你要不是我女儿，让我管我也不管；你是我女儿，我就得管。没有'文化大革命'，还会有别的'革命'，谁知道以后还会发生什么事。再说，当工人就是当工人，当什么团支部书记？当什么'苗子'？咱不图那个！什么大富大贵，'露多大脸，现多大眼'，就凭这个，咱就不能干。你是个工人，咱就找工人，找一个跟咱条件般配的。你没有文凭，为什么要去找有文凭的，这不是让人瞧不起吗？”

母女俩越吵越激烈，而且谁也说服不了谁。杨美玲毕竟是晚辈，说话用词还得讲究分寸；她母亲则倚老卖老，以辈压人，什么话都敢往外放，最后竟说出绝情话：“我告诉你，你嫁给谁我都不管，就不能嫁给富农后代。你嫁给姓朱这小子，我就死给你看！”

其实，要真的嫁给朱一年了，她倒不一定真的就去死，但姑娘怕过于伤母亲的心，只好说：“那行，这事儿先撂一撂吧。”从此，朱一年再不敢来姑娘家，但姑娘告诉他：“我妈是我妈，我是我，她代表不了我。她说的要是在理，我会听她的；她说的不在理，咱托托人，请别人从中多做工作，她慢慢会转变态度的。只要咱俩不动摇，有情人终会成眷属。”

听了这番话，朱一年吃了定心丸，也更爱杨美玲了。

为了做好妈妈的思想工作，杨美玲发动了两个姐姐、两个叔叔；而朱一年也找了许多人，包括居民委员会主任。大家一齐上阵，有软的，有硬的。有的说：这不是关心，是干涉子女婚姻；也有的说：这不是爱，而是害……不管大家怎么说，这个当妈的水泼不进，针扎不入，谁的话也不听。她说：“不是自己的闺女不心疼，说官话，讲道理，论自由，谁都会，临到自己头上，谁也不会把自己的闺女嫁给富农后代。”唉！太顽固不化了，真难坏了这对儿有情人。

五年过去了，这对儿有情人没有散，他们耐心等待着老妈妈开绿灯。可是，这个绿灯总也不亮，红灯却长明不熄。

渐渐地，杨美玲跟妈妈没有以前那样亲热了。妈妈不是傻子，已经觉察到：姑娘大了不强留，留来留去成冤仇。但她又坚信：这是为了女儿好，女儿总有一天会懂得妈妈的心。

岁月不饶人，这对恋人熬不过了。一个月夜，在鞍山的二一九公园湖畔，朱一年和杨美玲坐在一条板凳上。

朱一年说："你母亲不可能转变态度，这可把咱俩坑苦了。我倒行，男的不怕岁数大。女的不行，25 岁以前挑人家，25 岁以后受人家挑。你现在就 25 岁了，咱俩的婚事万一不成，把你的终身大事耽误了。这样吧，咱俩先各自另行恋爱，尽可能晚一点结婚，最后咱俩实在不能成为夫妻，可以成为干亲，你是我的干妹妹，我是你的干哥哥……"两个年轻人伤心地哭了。

从那以后，两人都另选了恋爱对象。杨美玲与同厂工人李克相处，朱一年与邻居黄娟建立了恋爱关系。这时他俩都感到：人生初恋最真诚，也最宝贵。他俩表面上与各自的对象恋爱；背地里，"干哥哥""干妹妹"地来往从未间断，谁也忘不掉谁。

杨美玲到了 27 岁那年，别人家欢欢喜喜过年，她与母亲却无言以对，有什么说的呢？她们乐不起来。都说"二十七八，抽抽眼角"，这句俗话还真不假，杨美玲的眼角上真的有了皱纹。年年岁岁花相似，岁岁年年人不同。青春已经开始离开杨美玲，而杨美玲仍然是单身，她信守与朱一年的诺言：尽可能晚一点儿结婚。

女儿眼角上的皱纹使妈妈心疼了，再加上周围的热心人仍在做工作，杨美玲的妈妈终于想开了。她对杨美玲说："你愿和谁结婚就和谁结婚，我不管了，不过，你将来受苦可别怪我。”

绿灯终于亮了。杨美玲乐得流了泪，马上打电话把这个喜讯告诉给朱一年。朱一年欣喜若狂，立即向黄娟表明终止恋爱。杨美玲与李克也结束了恋爱关系。

在朱一年面前出现了“柳暗花明又一村”，他可以与杨美玲结婚了吧，谁知命里注定该他倒霉——又出岔了。有三块绊脚石同时横在他面前：

一是黄娟，她是朱家的邻居，免不了常与朱一年的母亲见面。一见面，她就大娘长大娘短的，比以前更亲近。不仅如此，还频繁地来朱家帮助干零活儿，硬跟朱一年的母亲套近乎，企图以此争取这位老妈妈，让她说服儿子收回终止恋爱的“通知”。

二是李克，当他知道杨美玲与朱一年的恋爱关系始终没断时，气就不打一处来，觉得自己是被杨美玲当猴耍了。挨人一拳，就要“回敬”一脚。他不怕受到法律制裁，向朱一年母亲身边的人散布：杨美玲和他相处半年，在他家睡过好几次……他瞎编乱造，而且说得有鼻子有眼，像真的一样。这真是“君子好斗，小人难缠”。

朱一年和杨美玲根本没把他们放在眼里，视他们如蚍蜉撼树、螳臂挡车，不与他们计较。当然，朱一年和杨美玲也感到对不住黄娟和李克，这就是没诚心和人家恋爱，玩弄了人家的感情。因此，人家有气可以理解。正所谓“想想自己错，就会原谅他人过”。朱一年和杨美玲不跟他们计较，他俩确信：只要两人真心相爱，别人搅不散。

然而最难对付的绊脚石不是这两个人，而是朱一年的母亲！她一百个反对、一千个不同意。她和杨美玲的母亲不一样，杨美玲的母亲不同意，只是对自己女儿讲，可她对儿子很少讲，专骂杨美玲。杨美玲一到她家，就被骂个狗血喷头。为什么呢？这都是黄娟和李克使的坏。

朱一年的母亲认为：黄娟这姑娘贤惠、懂事、正统，硬是让杨美玲给顶了；而杨美玲开始时嫌朱家成分不好，自己找了好几年没找着，这会儿又吃“回头草”，咱姓朱的难道娶不到媳妇了？况且，你杨美玲又臭名在外……朱一年的母亲铁了心，非把他们搅黄不可。

遇上这样的妈妈，朱一年很难过。劝她、说她，不管你怎样解释，都不起作用。硬与杨美玲结婚吧，扔下孤苦伶仃的母亲怎么办？又怎么向亲属交代？他走投无路，也灰心了，就找杨美玲研究对策。杨美玲表示，这回由她当主力军。她明白，头几年，是她母亲给耽误了，这回出了难题，理应由她去解决。可是，怎么使这位妈妈转变态度呢？她也感到老虎吃天，无法下口。许多人给她出主意、想办法，让她休息日去朱家帮助老人干活儿。她去了，还没等伸手，就被朱一年的母亲撵了出来。什么法儿都想尽了，一点儿效果也没有，两人再一次下决心：只好再等下去。

五月份，杨美玲所在单位组织职工去北京旅游。杨美玲特意从北京给朱一年的母亲买了一双鞋、一条围巾。杨美玲没想到，她送到朱家，竟被朱一年的母亲当面给摔到院子里，并说：“你不要忘了，我们家是富农，有的是钱，不稀罕你这点儿东西，你就是把天安门买来，我都不要！你自己什么样不知道吗？你别再来了，别败坏我们家门风！”

她把杨美玲骂走了，就斥责儿子："你怎么那么不争气，这个破货跟姓李那小子处了那么长时间，你知道别人都说她什么，再找不着比她好的了？！"朱一年怎么解释也不行，她半句都听不进。

杨美玲看透了：这个老婆子好混账，不和她彻底决裂，想结婚没门儿。于是她劝朱一年：我们先租房子结婚，婚后每个月给她赡养费。朱一年不同意这样做，说："我们别的办法没有了，只好慢慢来。"然而杨美玲忍不过挨骂这口气。

7 月 11 日，杨美玲休息，她在头一天打电话给朱一年，让他请一天假，陪她到千山散散心，再把这个棘手的婚姻问题谈一谈。朱一年如约在鞍山火车站前与她上了公共汽车，一起来到千山。在千山丛林中，他俩坐在一块石板上，谈了一上午，没有结果，到下午 4 点钟了，还是没有结果。结婚不行，决裂不行，外逃更不行……杨美玲想起被朱一年母亲臭骂的场面，"别败坏了我们家门风"，这分明是骂她生活作风不好。骂她别的，她都能忍受，骂这个她忍受不了。

面对这种局面，两个年轻人开始查找原因，追究责任。朱一年说："当初要是你妈不阻拦，咱俩早就结婚了。"杨美玲一听这话，不服气，再加有气，就依偎在朱一年怀里说："你妈这是关心吗？这叫干涉。咱俩的事都让你妈一个人给搅了。没想到你这样老实，你妈会这么刁……"

朱一年知道杨美玲有气，让她说去吧。想发火的女人都这样，她向你发火，你像没看见似的，她的火儿就会更大，你必须装出很生气的样子她才能解气。杨美玲见朱一年不说话，就得寸进尺了："朱一年，你自己说说，你妈浑不浑？"

“别这么说。”

“不这么说怎么说？你妈那天骂我什么了，你听到没有？她什么都说，我就看她是你妈，要是别人，我就会揍她！”姑娘越说越来气，想骂，又找不到恰当的词，就专拣最解恨、最能出气的话说：“我看她是看好你了，她不让你娶我，她守寡守不住了，就嫁给你得了……”

用这种话骂人实在没法听。由于杨美玲依在朱一年怀里，朱一年顺手就掐她脖子，不让她再说这些不堪入耳的话。没想到，杨美玲被掐得不出声了，朱一年松开手，她竟不喘气了。

朱一年晃动着杨美玲的身子，她醒不过来。怎么，她死啦？过了一会儿，她还是不喘气，看来是真死了。已经到了这一步，她醒过来也是个麻烦事。一不做，二不休。朱一年再一次掐她脖子，狠狠地掐了好长一段时间，这一回，杨美玲必死无疑。

这叫杀人，是要受到法律制裁的。娄子捅大了，怎么办？朱一年扒下杨美玲的衣服、裙子，脱下皮凉鞋，又摘下她的手表，统统装入杨美玲的手提兜里，带回来藏到家中。这样做，一是制造一个图财害命的假现场，转移公安机关的侦查方向；二是带回这些东西，留个永久纪念。朱一年尽管掐死了杨美玲，但他说，他迷恋杨美玲，杨美玲死了，他就觉得活着不如死了好。

朱一年杀人了，被公安局抓起来，这个消息一传开，很快成为新闻。有知道内情的都埋怨这两个当妈的，说是她们逼出了人命。而朱一年自己则认为他的命不好。你看，婚姻问题，别人处理起来顺顺当当，要风来风，要雨来雨；临到他总是一步一个坎儿，一段一个岔儿。世理本来是“有情人终成眷属”，而他们，等了 7 年，也没成眷属。

两个当妈的，给子女造成婚姻悲剧，太令人惋惜。

子女的婚姻自己选择，父母关心不能干涉，
规劝不能太过，干涉过头出灾祸。

逼婚恶果

辽宁省庄河市步云山乡的曲振国尝到了被逼婚的苦头。

曲振国高中毕业后在家务农。20 岁那年，在庄河市步云山温泉疗养院找到了工作，他很高兴。更使他高兴的是，疗养院有个爱说爱笑、性格活泼的姑娘闯入了他的生活，这个姑娘叫宋玉霞。一天下班回来，他见父亲情绪挺好，家里又没别人，就把藏在心底的话向父亲倾诉。

他说："我和俺单位的护士宋玉霞相处很好，想和她订婚，这样，不仅在工作上能互相帮助，由于每月可以拿到两人工资，生活也会挺富裕……"他越说，父亲的眼睛瞪得越大。曲振国一看苗头不对，不得不住口，可是晚了，父亲骂起来："你没王法了！一个孩蛋子还敢自己在外边订婚？你若敢跟吕华退婚，我能饶你吗……"

原来，在曲振国上小学时，父亲就自作主张为他订了一门"娃娃亲"。女的叫吕华，是个比他大 3 岁的女孩子。当时曲振国才 12 岁。两个孩子都不懂什么叫爱情，更谈不上有爱情。这个没有爱情的"娃娃亲"根本不受法律保护。可是，曲振国的父亲就用它死死捆住曲振国自由恋爱的翅膀，不许他在爱情的天空中自由飞翔。

正值20多岁的曲振国，爱的火焰在心中燃烧，他不肯低头，向父亲苦苦哀求："我想和宋玉霞订婚，我们已经相爱了。把与吕华的婚约退了吧……"

"你敢！好没良心！和吕华订婚时你还是个光屁股的孩蛋子，斗大的字认不了几个，你现在高中毕业是国家职工了，就不想要她啦？！我告诉你，我宁可不让你去上班，也坚决不同意你退这门婚事！"从此，曲振国就像霜打的草、患病的鸡，蔫下来。往日的欢声笑语没了，平时蹦蹦跳跳的身影不见了。

父亲见状，决定早日把吕华给他娶到家来，就找人给看了个吉日，通知吕家，双方开始筹备为他们办喜事。曲振国对父亲说："反正我不能跟吕华结婚，我要和宋玉霞结婚。"

"啊！我还管不了你了！"既然跟吕华有婚约，不守婚约就是背信弃义、喜新厌旧。他父亲决不允许儿子是这样的人。他把曲振国的爷爷、叔叔、舅舅等赞同他观点的人都找来，在家私设公堂，对曲振国"群起而攻之"。他们首先是"规劝"，让他"改邪归正"，谴责他不该自己在外面随便爱上一个姑娘，更不应该与其谈论订婚、结婚的事。他们讲了许多如何讲道德、如何保持人格的话，曲振国一句也听不进去，反而提出两个问题问他们："我处理自己的婚姻问题你们为什么不让我自己做主？你们这是关心还是干涉？"

父亲一看"规劝"不行，就喊了一句"这个混蛋儿子，还敢顶嘴！今天就得揍他！"在"规劝"的队伍里站出两个人，对曲振国拳打脚踢。曲振国一没跑，二没躲，纹丝不动地站在那儿老老实实让亲人们打。他低头忍受，眼泪直流，好不可怜。

在挨打时，他看见吕华也来了，还站在一旁洋洋得意。曲振国索性脱光衣服，对这些人说："你们今天就把我打死吧，我活着太痛苦了。"他这一举动，倒使打他的人停住了手脚，他们不打了。曲振国抓起箱盖上一个药瓶子往嘴里倒药，想自杀。他母亲看到了，立即上前把药瓶子夺下来，摔得老远。曲振国寻死不成，悲伤地号起来："让我死了吧！"

这些人不打了，第二天，曲振国的父亲让他跟吕华到乡政府婚姻登记机关去登记，曲振国不去，父亲威逼，亲自监督，不去不行。曲振国要死死不成，要挣断"娃娃亲"的锁链又挣不断，不得不与吕华结为"捆绑夫妻"。

曲振国被逼与吕华结婚，宋玉霞则认为是吕华把曲振国从她身边夺走，便对吕华产生了嫉妒和憎恶之心。而曲振国呢，从结婚那天起，一举一动，都要受到父母和吕华的严格监督。吕华认为，我既然是曲振国的妻子，就决不允许别的女人来搅和我们的家庭。

有一次，曲振国下班没及时到家，吕华来脾气了："哼！有家不回，肯定是跟哪个野女人胡扯去啦！"她气呼呼地找到公爹，说："曲振国到现在还不回来，我得到他单位去看看，他跟谁在一起呢！"

吕华又到曲振国爷爷跟前告状。这位老人一听孙子下班没回来，怒气冲天，找来另外三个孙子向他们下令："你嫂子是正派人，今天，你们三个人都跟她去，任务是保护她，如果打起来，不准让你们嫂子吃亏！"这三人领令，陪吕华去查看曲振国为什么不按时回家。

原来，这天晚上要下雨，曲振国与宋玉霞两个年轻人接受领导的安排，要把本单位的一些白菜及时运回来，找车夫运白菜呢。

路上，这四个人正好与曲振国和宋玉霞相遇。吕华一看，自己的丈夫果然和一个女人在一起，而且这个女人正是宋玉霞。她想：你曲振国这回还有什么可说的，你们竟敢在一起走路，到底是被我当场捉到了，就对前来帮助她的那仨人说:“你们看，我来抓他，一点儿不冤枉他，他确实跟宋玉霞在一起了吧！”

这四个人一起冲上去，不由分说，大打出手。宋玉霞逃回医院，曲振国被打得滚进路旁的壕沟里。这四个人仍然没有饶过他，把他从壕沟里拽起来，挟持回家。

曲振国与宋玉霞在一起并肩走路，当场被众人“抓获”，这便成了吕华手中的把柄，曲振国稍有不老实她就以此来谴责和挖苦。

有一次小两口因为琐事吵起来，曲振国的父亲、爷爷知道了，逼着曲振国给吕华下跪，并且告诉他:“吕华不让你起来你就得一直跪着！”曲振国跪了三分钟吕华开口了，允许他起来，他这才站起来。

又有一天，曲振国下班回来晚了，一进屋，吕华不问情由，“啪啪”就给他两耳光。曲振国忍受不了这种带有侮辱性的监督和管束，他还手了。

“你还翻天了！”吕华吼起来，抓起炕上一个猫食碗砸过去，曲振国一歪头躲过去了。吕华心中的怒气没出来，竟遇到菜刀拿菜刀，遇上斧子拿斧子，要玩命。曲振国平时只觉得他和吕华没有感情，却没料到，同床共枕的妻子会如此凶狠。他哪里是吕华的对手，想跑，吕华已经堵住门口，只好跳窗逃窜。

曲振国跑到姨娘家，觉得走投无路，找来一张纸，挥泪写下一封绝命书，然后匆匆离开姨娘家，去找走向“西天”的路。

他姨娘把这一情况火速通知其父母，曲家的人很快组织起来，四处寻查。

再说吕华，她知道曲振国与自己结婚，不是以爱情为基础，但她对婚姻问题的认识与曲振国不一样。她认为：从一而终是女性的美德。既然幼时已经跟曲振国订婚，死活都是曲家的人。她不再爱别人，也不允许曲振国爱别人，至于他俩之间是否有感情这不要紧，只要能一辈子在一起生活就行。

时间一长，曲振国对宋玉霞的留恋，对她的冷漠，使吕华的认识发生了变化。她也觉得维持这样的婚姻味同嚼蜡，实在无聊，她终于同意跟曲振国去办离婚手续。谁能想到，又出意外了。婚姻登记处的接待者竟对曲振国说出这样的话：“光你们俩同意离婚不行，你父亲同意吗？他不来离不了，你们回去吧！”

曲振国辩驳说：“我离婚，又不是我父亲离婚，他同意不同意与我们有啥关系……”没等他说完，旁边的几个人就七嘴八舌嚷嚷开了：

“你们都有孩子了，离婚不怕人笑话？”

“离婚没好人，好人不离婚。”

“一日夫妻百日恩，谁提离婚没良心。”

屋内闹嚷嚷，乱哄哄，不容曲振国分辩，他也不知道应该向谁分辩。接待者对曲振国说：“婚姻大事得严肃对待，怎能说结婚就结婚、说离婚就离婚呢？这是小孩子玩过家家吗？你实在要离，就把你父亲找来，他不同意，你们就别想离！”

《婚姻登记条例》第三条第一款规定，“婚姻登记机关的婚姻登记员应当接受婚姻登记业务培训，经考核合格，方可从事婚姻登记工作”。这一条一定是由许多人的不幸换来的。

可怜的一对儿，他们结婚不能自主，离婚不能自由，往前无路可走了。

击石出火，激人出祸。曲振国决定与宋玉霞合谋杀死吕华，排除障碍。这个想法真是太可怕了。

有了这个想法，首先积极行动的是宋玉霞。她以消灭办公室里的蚂蚁为由，跟一个果农要了一瓶剧毒农药放到疗养院她的工作间——处置室。曲振国也马上行动，从家里带来几粒玉米楂，放进药液里浸泡，准备在适当的时候放到吕华要吃的食物里。

过了几天，“适当的时候”终于来了。疗养院让曲振国去庄河市学习，当天不能返回。为了避免人们对他的怀疑，认为他不会有作案时间，他在出差前把这几粒经过农药浸泡的玉米楂带回家，放到饭锅里，与剩饭搅拌开。吕华没想到曲振国会对她下毒手，毫无戒备，吃饭时也就没细细品尝是否有异味。这几粒带有剧毒农药原液的玉米楂子一进肚，吕华便卧床不起，头疼、昏迷、呕吐。第二天曲振国回来，见她躺在炕上没死，心里一阵犯疑。吕华告诉他：她感冒了，病得挺重，昨晚还呕吐过，现在比昨晚强多了。曲振国这才明白，药量少，她又呕吐过，“送她离开人间”已经不可能了。为了掩盖罪行，他给吕华买来两瓶罐头放在炕沿上，还耐心侍候她，吕华感激得泪如雨下。

曲振国和宋玉霞认为：不把吕华杀死，他俩结为夫妻便不可能。他们决心要在罪恶之路上走到底。

曲振国又拿来几粒玉米楂，来到宋玉霞的工作间放到农药原液里浸泡。过了 10 多天，他又有个离家去庄河市的机会，这是为本单位取药。临走前，他又给吕华准备好了“饭菜”。晚饭后，吕华又有与上次相同的反应，但这一次她没吐，因此比上一次重得多。当时曲振国的妹妹在场，吓坏了，马上跑出去找人。吕华母亲闻讯赶来，拉送吕华的车已经到了医院。她母亲追到医院，大夫告诉她：你女儿不行了。当时的吕华，全身冒汗，口鼻流沫，鼻孔里有出气没有进气，不一会儿就离开了人世。根据病症，大夫断定：吕华的死因是有机磷中毒。

夜里 11 点，曲振国接到电话，得知吕华已死，他悲喜交加。喜的是，吕华终于在他不在家的时候死亡，这既除掉了妨碍婚姻自由的障碍，又会免受怀疑；悲的是，他在婚姻问题上的不幸，并不完全是由吕华造成的，强迫他与吕华结婚，逼他与宋玉霞分手的，是他的父母和爷爷奶奶等一些家族人，不准他离婚的，也不是吕华，而是别人，而今吕华蒙冤被送上了“西天”。他带着这种矛盾心理回家后，见吕华的父母哭得前俯后仰、死去活来，心里好不是滋味。他俯身闻了闻吕华的嘴，没闻到有味，他放心了。他装模作样地给吕华描眉、搽粉，又给戴上手套，表现得十分悲痛、留恋，以此掩盖他的罪行。

吕华的母亲守着尸体，呼天抢地，悲痛欲绝，哭哑了嗓子，流干了眼泪，这使曲振国觉得自己的行为有些对不起这位老人。他跪倒在吕华母亲面前说：“妈，我对不起你，我没照顾好吕华。”

吕华的突然死亡使吕家产生了怀疑。再加上曲振国平素与吕华关系不睦，吕家根据医院对吕华病情的确诊情况，要求公安机关对吕华尸体进行解剖检验。公安机关对胃内容物化验之后得出的结论是：吕华因农药中毒死亡。经侦查，曲振国和宋玉霞均被逮捕。

辽宁省大连市中级人民法院经过开庭审理，认定他俩均犯故意杀人罪。根据各自罪行的轻重，判处他俩不同的刑罚。

曲振国的悲剧使他父亲深感内疚。他父亲清楚，曲振国在婚姻问题上一步步走向不幸，又由不幸一步步走向犯罪，他是有责任的。他给法院写了一封信，说：“曲振国今天虽然成了害人者，可是，昔日他也是个被害者，是个可怜虫。他在婚姻问题上，一直寻找不到一条满意的出路，从这个角度上讲，他的犯罪是被逼出来的，是不得已而为之。我认为，他有罪于吕华，也有罪于社会，但也不能否认，我们也有罪于曲振国。他走上犯罪道路，一方面是我们家长造成的，另一方面是社会上一些封建道德观念造成的。”

过度干涉子女婚姻，何异于绑架他们的人生？

夫妻分居

夫妻分居就是开始向婚姻破裂迈步，必须警惕。沈阳郊区的一对老夫妻的分居就印证了这一点。

这对老夫妻男的叫张贵元，女的叫藤丽杰。据说，他们年轻时相处得很好，从不吵架，两人以种菜、卖菜为生。他们生有三儿两女，这些孩子后来相继结婚，各自成家，并又生儿育女。而这对老夫妻呢，因为大部分菜地被城市建设征用了，闲暇的时间也就多了。大概是因为年老了，脾气就会发生变化，或者是因为菜地少了，没那么多活儿可干，有工夫吵架，一辈子没吵过架的老夫妻开始干仗了。

全都是因为生活中鸡毛蒜皮的小事儿。首先是由老太太藤丽杰参加老年秧歌队引起的。夏日的晚饭后，街头响起了锣鼓声、唢呐声，老头儿、老太太们就列队翩翩起舞。在这队伍里，尽管也夹杂着几个青年人、中年人，但绝大部分是些“脑门儿波浪滚滚，眼角光芒万丈”的白发老人。

看见老伴儿跟别的老头儿在扭、在逗，张贵元看不惯，心里很不高兴。他阻止藤丽杰去跳舞。藤丽杰说：“跳跳舞，活筋骨；扭扭腰，百病消。这对身体有好处。”张贵元说：“你要跳，在家自己跳。”藤丽杰不听他的，依旧我行我素。张贵元来气了，就拣最解恨的话说她：“你看好那个老王头儿了，你把他领到家来我给你们腾地方。”藤丽杰去扭秧歌时，张贵元就用风凉话敲打她，说：“你描描眉，抹抹唇，搽搽粉，化化妆，如果有人要你，你晚上不回来也行。”

终于有一天藤丽杰心情不快，就跟老头儿干起来，说：“我找老王头儿咋的了，老王头儿看好我了，我愿意，你管不着！”

“那行，我花钱找小姐你也别管。”

老夫妻一说话就吵架，都看对方不顺眼。在这种气氛中，时间过去了一年。

一天傍晌，藤丽杰没在家，张贵元一人躺在炕上看电视。这时有人敲门。张贵元把门打开，是一位年轻姑娘，拎个兜子站在门外。这姑娘说：“大伯，我是来送油炸薯片的。”

“什么薯片？”张贵元不知咋回事。原来，是个上门做广告，推销产品的。这姑娘手里拿着一包油炸薯片，说：“这是我们厂的新产品，送给您老一包免费品尝。您老如果不满意，欢迎提意见；如果认为这产品好，欢迎购买。”正说着话，张贵元看见老伴儿从老远的地方往家走。他为了气老伴儿，就把这姑娘让进屋里，询问与薯片有关的情况，姑娘当然热情解答。

说话间藤丽杰回来了，进屋看见家里有个年轻女人，也不知咋回事。又看见张贵元从姑娘手中拿过一包薯片，打开就吃，边吃边说：“挺好！挺好！”张贵元用眼睛瞟着老伴儿，故意气她，就对这姑娘说：“到中午了，我给你做点儿饭，这就是你的家。”

藤丽杰看见这些现象，不知咋回事，就夺过张贵元手中的薯片包，往地上一摔，满脸怒气地对小姑娘说：“你给我滚！”硬是把这小姑娘推出屋，关上门，然后，老夫妻又干了一仗。

张贵元说：“你可以找老王头儿跳舞，我就不可以在家找小姑娘吗？”两人争不出是非曲直，反正就是你看我不顺眼，我看你来气。过了几天，藤丽杰在外边租了一间房子搬出去，自己过。从此老夫老妻开始分居。

他们的子女都知道父母经常吵架，这回又分居，就来规劝。妈妈说：“你爸往家找女人，我不能跟他过了。”爸爸说：“你妈见我老了，不愿伺候我，就编个理由自己出去过，图清闲。”孩子们、亲友们，大家都来劝说，怎么劝也不行。老太太说：“我要是不怕子女笑话，早就跟他离婚了。”老头儿说：“你早死一天，我早清静一天。”就这样，老头儿、老太太都不肯向对方投降，又都不提出离婚，他们分居两年。

张贵元闲来无事，愿意跟一群老头儿打麻将。人家玩完，回家可以吃现成的饭；张贵元就不同了，回家还得自己做。张贵元 68 岁，年龄不算大，但体胖，有哮喘病、心脏病、高血压，走路得一步一步往前挪，还累得呼哧呼哧直喘粗气。他自己也说：“我这是在农村，要是在城里住楼房，别说住五楼六楼，就是二楼也不行。买点儿粮、买点儿菜，根本上不去楼。”周围人说：“城里有钱的人雇保姆，哪有自己买菜、买粮往楼上扛的！”这时就有人对张贵元说：“你卖一辈子菜，手里攒那么多钱不花，留它干啥？这么大年纪了，你又有高血压，要是摔倒了跟前也得有个人扶你一把呀！找个保姆伺候你吧！”

“我哪有那么多钱？”

“用不了多少钱，找个老太太，你供她吃、供她住，一个月五六百元足够。”

“找个老太太，她有病，我还得伺候她啊！”

……

大家也就是这么有口无心地闲唠，你一言，我一语。没人向张贵元许诺一定给他找个保姆；张贵元也没说一定不找保姆。

村里有个名叫刘文波的中年男子爱管闲事儿。他挺可怜张贵元的，认为张贵元手里有钱不花，自己一个人光遭罪，活得太累、太苦。有一天他到沈阳城里办事，在十字路口遇到一群找工作的打工妇女，就跟她们聊起来。其中一个30多岁的妇女刚离婚，孩子归男方，自己一人进城，就想找个栖身之地。刘文波跟她讲好：郊区有个老头儿，七十来岁，体胖，多病，高血压，但自己能走路，生活能自理，自己也能做饭做菜。你到那以后，只是在他家帮助做饭、洗衣服、做家务，供吃供住，陪他唠嗑，一天20元，一个月给600元。如果这老头儿什么时候不用了，可以随时辞退。这个妇女要找个临时安身之地，也就同意了。刘文波把她领到张贵元家。张贵元虽然没让他给找保姆，但人家出于好心，既然给找来了，怎好当着这个女人面就责怪人家呢？

这位妇女知道她是来干什么的，所以一进屋撂下衣服包，就扫地、干家务。张贵元见她还挺年轻，手脚勤快，挺干净，也就留下了。

张贵元手中有10多万元，另外还有房子、家产，心想，雇个保姆也不是雇不起，况且还有五个子女，就是手里真没钱了，当子女的也有赡养老人的义务，他们不会看着自己不管。

这个保姆在张贵元家住了半个月，一切都挺好，张贵元也享受到半个月的幸福。

不知是谁告诉给藤丽杰，这事传到她那里就变了样，说是张贵元另找了一个小老婆，两人已经过上了。消息准确，情报可靠。这回她占理了，就把三个儿子两个女儿找齐，对他们说："我和你爸分居，你们都说我不对，今天，我领你们去看个明白，你爸找小姐，跟小姐在一起鬼混。"五个子女不信。藤丽杰说："不管你们信不信，咱让事实说话。等到半夜咱一起去，一切都会真相大白。"

夜里10点半左右，藤丽杰领着五个子女，浩浩荡荡，来到张贵元的住处。敲门，进屋，果然正如藤丽杰所说。农村是火炕，没有床，这个女人竟然睡在张贵元的炕上。没什么可说的，动武吧。藤丽杰指挥五个子女把这保姆摁在地上，好一顿揍。挠破她的脸，踢肿她的腿。他们根本不听保姆辩解，一直把她打个半死。这个保姆躺在地中央不动了，大家这才住手。怎么办？去找乡派出所。

民警来了，小保姆有了说话的机会。她说明事情的来龙去脉。民警又连夜找来刘文波对质。刘文波说："这女人说的全对，一切属实。"藤丽杰母子数人立刻把矛头指向刘文波，骂他："你这是给找保姆吗？你是破坏我们家庭。你怎么不给你爹找个保姆？”

满脸怒气的藤丽杰指挥子女向刘文波开战。刘文波一看不好，像遇到鹰的兔子撒腿就跑，钻进夜幕中，没敢回家，不知去向。

民警对藤丽杰说：“你们打人违法，赶紧拿钱，送人家去医院检查！”

藤丽杰说：“行！行！咱是明白人，先拿500元。”

事情过去了，子女们责怪藤丽杰，说：“老头儿心脏病、高血压，一身病，你不能再跟他分居。”藤丽杰搬了回来，但没过半个月，老头儿死了。据说，心脏病、高血压的病人，最怕受窝囊气。张贵元的死是因为高血压引起脑出血，还是因为心脏病发作，这就说不清了。只听说给张贵元送葬时，子女们披麻戴孝，鼓乐班子齐全，显示着他们对父亲的孝顺。

藤丽杰大哭，“老张，我对不起你呀！”这哭声惊天地、泣鬼神，在空中久久回荡。

夫妻闹纷争，胜败分不清；
谁也没得好，生活不安宁。

被逼离婚

湖南省资兴市人民法院接到一名中年妇女递交的离婚起诉状，要求离婚。

接待人问："为什么要离婚？"她未语先哭，说："我不离婚，我丈夫就要自杀，我是被逼无奈来离婚的。"

"你丈夫要离婚，他怎么不来？"

"他瘫痪在床，来不了。"

既然有人起诉，材料齐全，法院没有不立案的理由。由于被告瘫痪不能来到法庭，法院决定到他家里去开庭审理这起离婚案。

法庭设在被告家里，屋内简陋，一张书桌就是法官的席位，旁边有一张床，床上躺着被告，书桌的另一旁放一个方凳，原告就坐在这方凳上。村里有些村民闻讯赶到，想来看一看法院是如何审理这起案件的，也想知道这对夫妻为什么要离婚。

法院经过开庭调查了解到这样一些情况：

这对夫妻女的叫王华，男的叫张国林。他俩经人介绍相识、恋爱、结婚，婚后生有一子，感情深厚，生活和睦。

天有不测风云，人有旦夕祸福。张国林突然遇到车祸，虽然保住了性命，但腰椎骨和腰椎神经断裂，造成下肢瘫痪，终身卧床。

一个农村家庭，家里的主要劳动力不但不能干农活了，还瘫痪在床，必须由妻子照料。他妻子王华身材瘦小，既要承担田地里的全部劳动，还得砍柴，做饭，抚养孩子，照料丈夫，样样都得她一人承担，孩子幼小又不能帮她。

王华如牛负重，毫无怨言，但张国林受不了，认为是自己在折磨王华。他对王华说："我已经考虑了很久，我们应该离婚。为了你，为了孩子，也是为了我，摆在我们面前只有一条路，这就是咱俩离婚，不然的话，把你累坏了，孩子也不能得到很好的照顾，而且我心里也过意不去。我不想这样拖累你，你要答应我离婚，你改嫁把孩子领走，建立一个新家庭，好好生活，然后我雇用一个人来照料我，我们双方都会很好。"

王华说："我们既然是夫妻，就要有福同享，有难同当。我不能在你有困难的时候离开你。你放心，不管你到什么程度，我都照顾你一辈子。"

张国林说："我不能拖累你，看见你受苦受累，我心里难受。你如果不同意离婚，我只有一条路，就是自杀结束生命，不再给你添麻烦。"

王华说："你虽然瘫痪在床，但我们很和睦、很幸福。只要我们俩相亲相爱，精神上互依互靠，生活就很美满。在你困难的时候离开你，我会很痛苦。我不同意跟你离婚，我不能抛弃你。"

有一天，王华在田间劳动昏倒在地，村民们发现后把她送到乡卫生院紧急抢救。经过诊断，她是因为贫血，加上劳累过度中暑引起昏厥。张国林知道这一情况后，更加坚定决心要离婚。他对王华说：“你不同意离婚，这是逼我去死。”

有一天，他趁妻子到田地里劳动，就解下自己的裤带，拴在床头，做成一个套，套在自己脖子上，然后就拼命挪动身子，想在床头吊死。这时王华回来了，发现这一情况，把他抱上床，安顿好。过了一会儿张国林才苏醒过来，他用微弱的声音说：“只要你不离婚，我将会有第二次、第三次自杀，直至自杀成功。”

王华迫不得已，说：“如果你想让我同意离婚，你必须答应我三个条件。”

“行，只要咱俩离婚，你提什么条件我都答应。”

王华说：“第一，我一定要照顾你一辈子，我跟你离婚以后，不管是出嫁还是往家里招女婿，你都得跟我在一起，我们不能分开，仍然要在一个家庭里生活。第二，孩子也要跟我，我要照顾孩子。第三，现在家里的所有财产都归你所有。”张国林哽咽不语，泪如泉涌。

在这之后，他见王华迟迟不到法院起诉离婚，又以自杀相威胁，逼王华去起诉。

法庭审理这起离婚案件，法官问张国林：“你作为一个残障人，法院对你是给予特殊保护的。请你认真考虑，对你妻子提出离婚的问题你有什么想法、有什么困难，你的态度如何？”

张国林说：“我已经拖累了她三年，使她吃尽了苦头。

只要我们能离婚，她组建了新家，生活好了，我在精神上也会得到解脱。我已经跟我一个亲属说好了，我们离婚后由他来照顾我，这处房子将来就由他继承。我的亲属已经同意，只要我离婚他立刻就来照顾我。另外，我身体残疾，瘫痪在床，没有治愈的可能。我不能跟妻子过正常的性生活，这也是离婚的重要原因。再说，如果我们不离婚，我们现在的家庭状况没有能力抚养这个孩子，对孩子也很不利。是我让王华到法院起诉离婚的，因此，我坚决要离婚。”

法院又问王华，王华说：“我同意离婚，但我提出的三个条件他必须都得答应。”

法官又问张国林：“你对王华提出的这几个条件有什么要求？有什么想法？”

张国林只是流泪，欲言又止。因为他对王华离婚的这些条件，曾经默认不辞，他无话可说。

我国《婚姻法》基本的一条内容就是婚姻自由。既然都要离婚，法院便作出这样的调解：第一，王华与张国林离婚，依法允许。第二，离婚后，王华同意在张国林家落户。如果再婚，招夫进家，要抚养张国林和孩子。第三，家里的所有财产归张国林所有。

法院的离婚调解书与判决书有同等的法律效力。张国林与王华的婚姻关系解除了。随后就有不少媒人上门为王华提亲，都因为王华提出的条件人家不能接受而告吹。

过了一年，有个30岁的青年男子刘金山主动上门，向王华求婚。王华见这个人的身材面貌，又听了他讲述的家庭条件，觉得自己跟他很不般配，就说：“我的条件与你差得太悬殊，你要娶我，不是单娶我一个人，我这是一家三口一起出嫁……”

刘金山说：“我知道，我都听说了，正因为这个情况我才主动上门求婚。因为我被你的高尚品质、善良心地所打动。你的品质和善心是最宝贵的财产。居家过日子，不在于财富多少。与品质高尚、心地善良的人一起生活，很踏实，一定很幸福，家庭一定很和睦。”

王华说：“你可要考虑好。”

“我是经过深思熟虑的，只要你同意，我不会亏待你们家的任何一个人。”

王华跟刘金山经过简短的对话和短时间的相处，便到乡政府办理了结婚登记手续。在一个阳光明媚的日子里，刘金山把他的家产也搬到这里，跟王华、张国林和他们的孩子共同组成一个新家，开始新生活。

夫妻真爱无争吵，平安度日不计较。

离婚之后

谁都知道，夫妻之间要尽量不发生第一次争吵，有了第一次，以后就会“战事连绵”。沈阳市铁西区滑翔小区的侯振平和白素春就是这样。他俩在第一次争吵之后，随后便经常吵嘴，为了一些微不足道的小事，常常闹得天翻地覆。

一天，两人又吵起来。他们的家务有粗略的分工，一般是白素春做饭，侯振平洗碗。这天，侯振平把碗洗完，放到碗柜里，柜门没关就进屋看电视去了。白素春总能找出他的毛病，说：“你怎么不把碗柜门关上呢？”

侯振平说：“忘了，你看见没关就顺手关上吧！”

“关倒是可以，但你不能养成这习惯，干活儿不能总留尾巴，让别人在后边跟着再干一遍。”

“我哪件事不是有始有终，哪件事又让你再干一遍了？！”

“哎，你怎么不承认呢！你看完电视，经常不蒙电视机罩，我总得跟在后边给蒙。”

“电视机本来就不用蒙，你竟干些没用的活儿！”

“电视机怎么就不用蒙？不蒙，就会从后边往里灌灰，缩短使用寿命。”

“电视机用不用蒙，这算点什么事儿，你怎么总是为一点小事纠缠没完？”

“不是我纠缠，咱是讲这个理。人不能浑不讲理。两人过日子，你怎么总是让我当你的生活服务员？你就不能把自己该干的活儿干利索吗？”

“就这点儿小事儿也值得斤斤计较，这日子没法过了。”

白素春说：“过不过我怕你吗？你有错误怎么听不进批评意见？”

“我不跟你吵，你要不想过，你走。”

“不用你撵，我走，跟你离婚！”

白素春说完，边流泪边从衣柜里往外拿东西。衣服、裤子、大衣、风衣……一会儿在床上堆起一座小山。她不相信，就为几句话两人就能离婚。她以为侯振平会阻拦她。两人毕竟经过恋爱、结婚，又共同生活了一段时间，感情还是有的。可是，侯振平坐在一旁看电视，根本不理她，任凭她把东西往外搬，把屋子弄得乱七八糟。

白素春把要搬的东西都捣腾出来，对侯振平说：“帮我捆上，送我妈家。”她以为侯振平不会来帮，这样就会结束这场尴尬的场面。而侯振平呢，电视不看了，过来帮她捆包裹，边捆边说：“你可考虑好，搬走了就别回来，办了离婚手续，咱俩就结束这种争论不休的生活。总这么吵，活得也太累了。”

白素春坐在角落，只是委屈地哭。

包裹捆好了，她虽不张罗往她妈家搬，侯振平却没有挽留的意思。僵持了很长时间，最后白素春鼓足了勇气，说：“你心真狠，咱俩没有爱情了吗？”

“我是可怜你，咱俩总这么吵对你身体不好。”

“别说好听的！你不跟我吵，我能跟你吵吗！”白素春说着，又解开了包裹，把衣服、裤子、大衣、风衣……又一件一件地放回了原处。

从这以后，两人争吵的事儿少了。但“曹操诸葛亮，脾气不一样”，两人性格不同，又都不想改变自己。白素春爱较真儿，凡事都要讲出个我是你非；侯振平呢，认为生活中没有对错，不必较真儿，所以也没想改变自己来适应白素春。他们共同生活 16 年，有个 14 岁的儿子。在这 16 年里，大仗没打，吵嘴不断。吵嘴次数的不断积累，最终导致夫妻关系的破裂。

是白素春首先提出离婚，而且表示坚决离婚，不会反悔。侯振平同意了。两人因为房子的归属问题不能达成一致意见，白素春把案件起诉到沈阳市铁西区法院。由于两个人都同意离婚，只是在房屋的归属问题方面有争议，法院便进行了调解，最后达成这样的协议：第一，允许他们离婚；第二，把他们的两居室的房子跟别人换成两处单间。白素春领儿子搬到沈阳市沈河区，到那里住一处单间；侯振平则搬到铁西区滑翔小区一处单间里。

两人都成了单雁孤鸟，也从此结束了争争吵吵，开始了平静的生活。

他们的儿子 14 岁，父母虽然离婚，但遇上节假日，也会跟爸爸一起去看看爷爷奶奶。

时间过去了一年半，一天，儿子来了。侯振平问：“你怎么很长时间没过来？”

“我妈病了，在肿瘤医院住院，我在那护理。”

“肿瘤医院”这几个字把侯振平吓坏了，忙问：“什么病？”

“乳腺癌，手术两次了。”

侯振平目瞪口呆，开始流泪。侯振平跟她离婚，确实是希望她能生活得更好，免得两人在一起成天争吵，心情不愉快。离婚后，侯振平对她十分牵挂，感到一个人领孩子生活也够艰难的，他曾经托别人给白素春介绍对象，但离婚的女人又带个孩子，再婚也很难。

从这以后，侯振平心里便压上了一块沉重的大石头，他总在想：乳腺癌，手术两次，这也很危险了。再说，手术后，谁在医院护理呢？她娘家人谁能去照料？靠咱儿子，这孩子不上学吗？他还小，能护理好吗？侯振平又想到白素春得了癌症，会不会与自己有关？吵架、离婚，会不会是患癌的间接原因？自己对白素春是不是有罪过？

无限的牵挂，割舍不断的亲情，把侯振平折磨个半死。她，毕竟是儿子的妈妈。

经过多日的考虑，最后他告诉父母，准备去医院护理白素春。

他带足了钱，买了水果、罐头，来到辽宁省肿瘤医院，找到白素春的病房。一进门，他看见身穿病号服的白素春，眼泪没止住，哭了。白素春问：“你来干什么？”

“来看看你。”

“不用你看，你给我滚！”

看白素春暴跳如雷，侯振平便退出来，坐在大厅里电梯旁的长凳上。他知道，白素春虽然嘴硬，但身边没有成年人护理根本不行。

白素春第一次手术是切割乳房旁的癌瘤；第二次是切割卵巢，据说，这可以防止癌瘤转移；后来，又进行了第三次手术，第三次是切割乳房旁新出现的癌瘤。最后这次手术，是在经过两次手术之后进行的，白素春的身体经过两次手术和化疗，已经折腾得没有体力了，身边需要有人来喂水、喂药、接屎、接尿。再加上侯振平铁了心要在这里护理，他任凭白素春怎样骂、怎样撵，就是不走。渐渐地，侯振平成了白素春身边不可缺少的人。他们没有办理复婚手续，侯振平以朋友身份，日日夜夜守护在白素春身旁，眼含泪水，终日护理。

“侯振平，你把鞋递过来，扶我下床。”白素春每次叫他，他就应声而到，就像最听话的小保姆。侯振平坐在白素春的床前，每次喂药之前，都先尝尝水热不热、凉不凉。白素春要吃橘子，他就把橘子剥好，把橘瓣送到她嘴边；白素春要吃罐头，他就一匙一匙地喂到嘴里。白素春又经过半年的病痛折磨，在生命即将结束时，她流着泪跟侯振平说：“是我错了，我性格不好，给你生活带来了麻烦。”两人握着手，流着泪，谁也不再说什么。

是啊，夫妻一场，哪有什么大不了的问题非得闹到这一步呢？

婚姻，就是男人哄着女人过日月，
女人陪伴男人度春秋。

含泪离婚

辽宁省凌源市人民法院审理了这样一起离婚案。夫妻感情没破裂，竟然准许他俩离婚。

提出离婚的是项卫国，他跟李香梅自愿结婚，婚后感情一直很好。人们都说，天下没有不吵架的夫妻，他俩却打破了这种说法，从来没吵架，小家庭一直温馨和睦。

谁能想到，一帆风顺的生活竟然会突然出现意外变故。

一日，项卫国在凌源钢铁公司建楼的工地施工中，偶一失神，从三楼摔下来，当他醒过来时是躺在医院的病床上，而且下肢高位截瘫，永远不能站立和行走，完全失去了生活的自理能力。

在医院里，人们看到他活过来，悲喜交加，他毕竟没有离开这个世界。但不少人为他惋惜，才 26 岁，以后怎么生活？

对生活充满了幸福憧憬的李香梅，无法相信这一巨大灾难会降临到自己头上。她伤心悲痛，暗暗哭泣，但在丈夫面前还不能有丝毫的悲伤痕迹，她还得鼓励丈夫，要鼓起勇气活下去。她给丈夫讲一些残疾人奋斗创业的事情。她说：“我们俩只要有一个是健全人，生活中就没有克服不了的困难。你放心，有我在，我们就不会有困难。”

项卫国残疾了，不但所有的家务活儿全落到李香梅一人身上，而且还给她添麻烦。他看到妻子日渐憔悴的脸庞，无奈自己不能为她承担家务，心如刀绞，心上如同压了一块巨石。他想：我残疾了，可是妻子还年轻，难道我就这样拖累她一辈子吗？项卫国辗转反侧，夜不能寐。跟妻子离婚，他舍不得；不离婚，就会坑害她一辈子，使她一辈子不会有幸福。

爱，就是要使被爱的人幸福。给被爱的人添麻烦，使被爱的人不幸福，自己生不如死。项卫国经过冷静考虑，最后下定决心要忍痛割爱，坚决离婚，让李香梅离开自己，远嫁他人。

他把这个想法对李香梅说了，李香梅万分惊愕，说：“我知道你是好意。你认为我离开你，就会减少许多麻烦，就会幸福？可是你想没想过，你是个残疾人，我离开你，能不挂念你的生活吗？我在你身边照顾你，我会安稳许多。如果不在你身边，不能照顾你，要比在你身边痛苦得多。”

不管她怎么说，项卫国铁了心，决心要离婚，不想连累自己所爱的人，天大的困难要自己一人扛。

李香梅不同意离婚，两人商量不通，项卫国就写了起诉状，找来本家族的两个弟弟，让他们用车把自己推到凌源市人民法院。李香梅阻拦，痛斥他们是在拆散人家的家庭。项卫国对这两个弟弟说：“别听她的。你们如果不送我到法院，我就雇别人，这样我会更加麻烦。”他的两个弟弟见他意志坚决，不顾李香梅的阻拦，硬是把他连推带背，送到法院，递上了离婚起诉状。

在法庭上，李香梅流下委屈的泪，对项卫国说："法官不理解我可以，难道你还不理解我吗？我不可能跟你离婚。在生活上不管遇到多大困难，我都要跟你一辈子，照顾你一辈子。我们有福同享，有难同当。关于离婚的事不要再提了。"

对离婚，两个人没有商量余地，只等法院判决。承办这起案件的主审法官到当地进行调查了解，双方真挚的感情、高尚的情操使法官深受感动。法官告诉他们：根据《婚姻法》的规定，判决离婚的标准是夫妻感情确已破裂。在这起案件中，你们不具备离婚条件，法院不会判决离婚。

听了法官的话，李香梅心里一块巨石落地，项卫国却宛如五雷轰顶。他对法官说："她对我太好了，我实在不忍心让她再为我做出牺牲。如果法院实在不能判决离婚，我就自杀，决不会拖累她，不会让她因为我而不能享受正常人的幸福生活。"

项卫国这番话，铿锵有力，掷地有声。法官考虑到问题的严重性，便将这一情况与项卫国所在的凌源市河东乡政府进行沟通。由于项卫国离婚的决心已定，并且以死相逼，乡政府表示愿意做项卫国的监护人，对他离婚后的生活给予帮助和安排。主审法官又多次做李香梅的思想工作。李香梅为了使项卫国不发生意外，能够继续活下去，只好含泪同意离婚，但条件是：项卫国的生活必须有着落，离婚后的生活必须有安排。

凌源市河东乡政府把项卫国安排到乡敬老院，在那里找出一间漂亮的房屋，由专人护理。为了不使他寂寞，还在屋里专门为他安装一台大彩电。由于项卫国表示愿意通过写作为国家做贡献，敬老院还特意为他买了写字台、书柜等用品。李香梅看到乡政府很负责任，这才洒泪与项卫国离婚。

这起离婚案件，因为夫妻感情深，凌源市人民法院没用判决的方式，而是用调解的方法结案。

李香梅离婚后，与北京郊区的一个男青年结婚，婚后，她经常带着再婚的丈夫到河东乡敬老院来看望项卫国。

爱，就是要使被爱的人幸福。

人间真情

此事发生在辽宁省海城市八里镇拉古村的棉花沟。这件事我是从法院内部简报上了解到的。我怀疑是否有这个地名，在辽宁省的地图上，还真的找到了这个村。村里的青年农民丁忠田经人介绍，与邻村姑娘王秀坤相爱，随后结婚、生子，一家三口，生活和睦，共享天伦之乐。

家家都有难唱曲，曲曲内容各不同。也许老天不让他们好好生活，让王秀坤突然患上一种怪病，经医院确诊为脑瘤，必须做开颅手术，取出瘤才能保住性命。为了保住妻子性命，丁忠田耗尽了家里多年的积蓄，又欠下不少外债，一心要把妻子的病治好。王秀坤经过多次手术，命保住了，但留下了后遗症，即双目失明、半身瘫痪和癫痫病。这样一来，丁忠田既得照料幼子，又得护理病妻，还得耕种农田。丁忠田如牛负重，忙得头发长了没时间理，胡子长了没时间刮。他瘦了，忙得像个疯子。

岳父来到他家，看到这个情况，让他与妻子王秀坤离婚。丁忠田愣了，说："你怎能说出这种话？你是她亲爸，别人让我抛弃她，可以理解，你怎能让我和她离婚呢？"丁忠田毫不动心，一心一意护理着妻子王秀坤。瘫痪的王秀坤毕竟是自己的妻子，是儿子的妈，他们曾经幸福地度过了许多个日日夜夜。

岳父认为，这样生活不是长久之计，生怕丁忠田累坏了身体，多次到他家恳求他离婚，表示要把护理王秀坤的重担接过去。丁忠田说："我们是夫妻，她瘫痪了，我不会抛弃她，我和王秀坤死也要死在一起。"他岳父说："你为了王秀坤必须与她离婚，否则既耽误了孩子的学习，也护理不好王秀坤，因为一个人没有那么多精力。况且人身是肉长的，不是钢筋水泥浇筑的，你要累坏了身体，这个家就彻底完了。你是家庭的顶梁柱，必须保重身体。"

被现实所迫，丁忠田实在无奈，与病妻王秀坤洒泪分手，办理了离婚手续，结束了婚姻关系。王秀坤被娘家人接回去，娘家人照料她，丁忠田从此减轻了不少负担，但精神上增加了许多牵挂。

丁忠田心地善良，勤劳肯干，附近英落镇的中年妇女金玲经海城市人民法院判决离婚后，经人介绍，同意与这个外债累累的丁忠田结婚。他俩办理了结婚登记手续，组建了新家。

有人问过金玲，"丁忠田为了给妻子治病，欠下不少外债。女人结婚即使不找有车、有钱的，怎么能找个有外债的？"金玲说："是穷，是富，这是小事，有钱的人生活不一定都幸福。在今天这样的社会里，再怎样穷也会有吃的、穿的、住的，实在生活不下去，国家还会救济。丁忠田忠厚、善良、勤劳、本分，就凭这个我嫁给他，我会有安全感，我们一定会幸福。”

丁忠田有了新家、新妻，一切都有了，家务负担也轻了，但他怎么也放不下前妻王秀坤。与王秀坤曾经恋爱、结婚、生子……他们曾经日夜厮守。如今她病倒在床，他怎能在这边安享清福呢？他常常到王秀坤家看望，帮助她父母照料她。人与动物最根本的不同点也许就是讲情感。人活着，不单纯是为了自己的吃、穿、享受。

一天，丁忠田竟斗胆地向现任妻子金玲提出这么个想法：“我想把前妻王秀坤接回家来，因为她的父母年龄逐渐大了，我怕他们照料不好，咱俩来照料，你看能行不？”丁忠田满脸可怜相，望着妻子，等待回答。

金玲与王秀坤是什么关系呢？素不相识，没有任何抚养、照料的义务。但善良的金玲竟意外地同意了，而且回答十分痛快。她知道，丈夫丁忠田日日挂念着瘫痪在床的王秀坤，如不把她接来，丁忠田总会有块心病。她爱丁忠田，为了丁忠田，为了维护自己的家，她接受了这个要求。王秀坤被接来了，照料王秀坤的重担又大部分落到金玲身上。金玲给她洗头、洗脸、刷牙、端屎、端尿……一闲下来，还得陪她唠嗑，排解她的寂寞。王秀坤的癫痫病比较重，一犯病就很危险，身边一时一刻不能离人。金玲一边照料她，一边还得忍受她莫名其妙的斥责。日复一日，年复一年，金玲就像照顾自己的亲姐妹，护理着王秀坤。

有人不理解，说：“你照顾她图个啥？”

金玲说：“我和老丁关系好，他的事就是我的事，我就是为了他才照料王秀坤。我不照料，他得照料，我帮他照料一下，就减轻了他的负担。再说，我和老丁结合到一块儿组成一个新家，他前妻留下的孩子，也是我的孩子。王秀坤是这孩子的妈妈，我把他妈照顾好，对这孩子、对老丁以及对咱这个家都好。”

做好人，有做好人的道理。金玲是个普通农村妇女，不愿讲大道理，但她的所作所为受人称赞。对生活中的许多琐碎，是非对错，她不愿计较。她的朴实、善良感染着许多人。她宽阔的胸怀，化解了许多纷争，也使她的生活、家庭十分幸福。

丁忠田这一家六口人四个姓氏：丁忠田、丁忠田与王秀坤生的一个男孩儿、后来与金玲生的一个男孩儿，这三个人姓丁；金玲与前夫生的一个女儿姓刘；丁忠田的前妻姓王，即王秀坤；现任妻子姓金，即金玲。

这个特殊家庭，在经济方面，本来极易产生纠纷，但他们相亲相爱；在感情方面，极易产生隔阂，但他们相敬如宾。一家人很贫穷，但很幸福。没有吵闹，只有欢笑。这个家庭的所有成员都是普通人，他们演绎着人间真情。

爱，不是一味索取，而是互相扶持。

多疑酿悲剧

辽宁省盖州市城关镇的年轻姑娘赵波，经人介绍，与盖州城郊的青年农民金中元相识，随后建立了恋爱关系。两人相处感情日渐深厚，如胶似漆。

相处半年多到了端午节，金中元按照父母的意见，邀请赵波到家里来过节，赵波同意了。6 月 5 日这天，是农历的五月初五端午节。早饭后，赵波离开家，去金中元家过节。

她刚离开家门就遇见邻居的几个年轻人，他们要到盖州电影院看电影。赵波跟他们同行。在这几个人中，有她哥哥的儿子赵兴，也就是她的侄儿。

赵兴问她："大姑，你上哪儿？"赵波说："我到老金家，他们让我到那里过节。"赵兴说："今天上午盖州电影院有一场电影，挺好的，你跟我们一起去，看完了再去呗。"

赵波也觉得，金中元虽然邀请自己到那里过节，但没说具体时间，上午或者下午去都行，也就答应了。她对赵兴说："我看完电影再去也行，一场电影也就是两个多小时。"说完，就跟他们进了电影院。

再说金中元家。金中元母亲对金中元说："你吃完早饭，家里也没什么事，你到赵波家去接她吧。”

金中元说：“她自己能来，她又不是不认识咱家。”

金中元母亲说：“你请人家来过节、吃饭，应该主动去请，不能在家等人家来吃饭。”金中元觉得母亲说得也有道理，就去了。

去了以后，赵波不在家，他说明来意，赵波母亲说：“赵波已经走了，现在差不多能到你家。”

金中元说：“我从家里来，路上没遇见她。”

赵波母亲说：“她出门时遇见咱邻居的几个年轻人去看电影，也可能跟他们去看电影了。”

金中元说：“有可能，我到那找一找。”说完，就去电影院。

当时阴天，赵波由于要到金中元家，为了漂亮，穿得单薄，冻得浑身发抖，脸色发青。她对赵兴说：“这天真冷。”

赵兴说：“我不冷，你披上我的外套吧。”

赵波觉得穿一件男人衣服不好看，就说：“马上就到了，到电影院里面能好一些。”没想到，电影院里边空旷、阴冷，比室外还冷。他们坐好后，电影还没上映，赵兴就把自己的外套脱下来披到赵波身上了。

世上无巧不成书。不早不晚，就在赵兴把自己的外套脱下来往赵波身上披的时候，金中元来了，一眼就看见了这个场面。

耳听为虚，眼见为实。如果不是亲眼所见，金中元不会相信这是真的。赵波怎么能跟一个陌生男人在这里看上电影了呢？而且这个举动十分暧昧。

金中元没声张。由于电影还没上演，他就从电影院的不同角落来看一看赵波。他发现，给赵波披衣服的这个小伙子坐得离赵波很近，两人不时地在交谈，无拘无束。赵波跟这个小伙子的关系比跟自己的关系近多了。

金中元有吃醋的感觉，立刻怒火冲天，他跑回家，心在想：怪不得你赵波没到我家来，原来跟别的男人看电影去了！他气得头发昏、眼发花，一言不发。

母亲问他："怎么没把赵波接来？"

金中元说："她不能来了。"

"怎么了？"

金中元没好气地说："我说她不能来就是不能来了！"母亲见儿子心情不悦，也就没再追问。

快到中午时赵波来了。金中元明知故问："你怎么才来？"

"我答应来，就肯定能来，但你也没说我应该在什么时候来，我也没说什么时候到你家。现在还没到中午，你们家做什么饭菜，我们一起动手。"

金中元问："你从家里来吗？你是不是在家帮助干完活儿了又到这里来帮我们干？"

赵波本来应该实话实说，可是，她觉得先看电影，然后才到这里来好像对金中元家的邀请不重视，就说："我在家也没做什么，我们家不用我。"她没说看电影的事。

欲盖弥彰，她越是不说，金中元心里的疙瘩越是解不开，金中元就生闷气。他去过电影院的事也没告诉赵波，只是不再跟她多谈。

赵波在金中元家帮忙做饭、做菜、干家务，然后吃饭，在那里待了三四个小时。在这期间，她发觉一向乐观活泼的金中元突然变成了另一个人，不仅寡言少语，还闷闷不乐。

赵波不知其故，回家听母亲说金中元到他们家来过，知道她跟别人到电影院看电影去了。赵波这才明白，原来，她在电影院看电影的事金中元已经知道了。

在较长一段时间里，金中元没跟赵波见面。后来赵波主动约他，他虽然没拒绝，但见面后，冷若冰霜，以往的热情一扫而光。赵波向他解释，端午节那天跟侄儿到电影院看电影的事。金中元说："你今天跟你侄儿看电影，明天有可能又跟你表哥逛公园，我跟你相处这么长时间，难道是因为我生活寂寞找你消磨时间吗？你可不能搞三角恋爱欺骗我。"

不管怎么解释，金中元就是不信；不管怎么沟通，毫无效果。金中元认为，赵波是在搞三角恋爱，不是跟他真心相处。赵波另攀高枝，自己随时都有可能被淘汰、被抛弃，恋爱随时可能告吹。

赵波对金中元说："端午节那天，我侄儿确实让我跟他到电影院看电影。我看时间还早，也就跟他去了。"

金中元说："别解释了，我不是傻子。那天的情况我看得真真切切，眼见为实，你怎么说也不好使。你可以随时跟我告吹，也可以随时跟那个小伙子告吹，但你不应该同时跟两个人谈恋爱。你不能欺骗我。"

赵波认为，金中元没有男子汉气度，心胸狭隘，小肚鸡肠，遇事多疑，不听人言，思想不能交流，有矛盾不能化解。跟这样的人一起生活很容易出现解决不了的矛盾。她经过冷静考虑，明确告诉金中元："既然你怀疑我不是跟你真心相处，跟你解释你也不信，我也没有办法。咱们继续处下去前景黯淡。如果相处时间长了，恋爱不成功对双方都不利。我们不能成为夫妻，可以成为朋友。以后各奔前程吧。”

赵波提出分手，金中元很丢面子。他俩相处这么长时间，亲戚朋友都知道了，突然间女方提出不干了，金中元就有一种被淘汰感。他认为，赵波搞三角恋爱，自己被她欺骗了，全家人被她耍弄了。

分手后，两人不再来往，金中元异常孤单、寂寞。他总觉得自己被侮辱了、被欺骗了。过了半个月，在6月21日这天上午，他带上一把杀猪刀来到赵波家行凶报复，要出这口恶气。谁能想到，赵波会遇到这种人。

当时，赵波和她母亲汪宁华、舅舅汪长太三人在屋，他们没有准备，没有提防，全部死于金中元刀下。

血案轰动全盖州市，乃至辽宁省，人们知道金中元杀人的动机是误认为赵波搞三角恋爱。辽宁省营口市中级人民法院公开审理此案时，赵波的侄儿赵兴还出庭作证，说明自己是赵波的侄儿，他俩是姑侄关系，不是恋爱关系，全村人都能证实。

金中元听了他的证明，感到自己鲁莽从事、滥杀无辜，懊恼不已。

信任是爱情的基础，多疑是悲剧的源头。

危险的纠纷

辽宁省锦州市郊区的肖广增原先是个菜农，靠种菜、卖菜为生。后来菜地被征用了，就在自家附近经营一个饭店。每天早晨，他都要到那里打扫卫生，做好开门迎客的准备。

2月1日早晨7点半左右，他和往常一样到饭店打扫卫生。突然一个人闯进饭店，他转身一看是妹夫唐世军，还没来得及跟他说话，胸部就被唐世军连扎数刀，一声没吭地躺倒在血泊中。

唐世军看看肖广增已经不能动了，没有了声息，就拿着长刀离开这里，直奔肖广增家。

肖广增家离饭店不远，他很快就赶到了。肖广增的妻子和孩子都没起床，由于肖广增早晨到饭店去打扫卫生，房门是开的，唐世军便非常顺利地来到屋里。进屋不由分说，先是扑向肖妻，朝她连扎数刀，然后又扑向她身旁的孩子，结束了这两个人的性命。唐世军迅速逃之夭夭。

连杀三人，凶手在逃，锦州市民因此惶恐不安。锦州市公安局、太和区公安分局和刑警大队的有关领导率领刑侦人员立刻赶到现场，马上组织警力迅速开展侦破工作，抓捕嫌犯。

再说肖广增的父母，知道儿子一家三口被杀，料到这是正在跟自己女儿闹纠纷的唐世军所为，而唐世军没被抓获，一家人惊恐万状，整日提心吊胆，生怕唐世军找上门来行凶。亲属们凑到一起住，以防不测。晚上，他们在门口安上电灯，还从亲戚朋友那里借来两条狗，夜晚大家轮流站岗放哨。他们如临大敌，严防死守。

锦州市公安局深感责任重大，为了尽快侦破案件抓到凶手，上上下下全力以赴。局长说："就是挖地三尺也要把凶犯抓获。"

这明显是凶杀报复案件，而嫌犯唐世军又下落不明，侦破方向集中。为了尽快抓捕嫌犯，刑侦人员广泛发动群众，依靠群众来发现犯罪嫌疑人唐世军的下落。

案发后的第四天有群众反映，在翠岩山下的一个空房子里有陌生人居住。当晚 8 时 50 分左右，刑侦人员赶到这里。这里是一大片菜地，当中有一间空房，这是种菜人在这里看护菜园用的房子。

几个公安人员端枪冲进屋内，将藏在屋内的唐世军抓获。从他身上搜出行凶用的尖刀和几片准备自杀用的刮脸刀片。据唐世军交代，他曾到肖广增父母那里行凶，因为那里人多，没法下手。今晚如果不被抓获，将会到他家拼死一搏。

唐世军被抓获后供认了自己的全部犯罪事实。

唐世军是个农民，也住在锦州市郊区的太和区，离肖广增家不远。他离婚后，经人介绍，与肖广增的妹妹（离异）相识，然后没经结婚登记便以夫妻名义一起生活。

为什么不登记？就是双方都有这样的心理准备：过好了，就以夫妻名义过下去；过不好，随时散伙分道扬镳。由于有这样的心理，一旦发生纠纷，都不谦让，而两个人在一起生活又很难不发生纠纷。

事实证明，未登记的婚姻纠纷不仅常见，还是一种危险的纠纷。有一天，他俩又吵起来，唐世军跟往常一样，一吵架，不是打人就是砸东西。这一次，他把彩电抱到院子里，用镐头砸个稀巴烂。女方说：“就你这种驴性，我不能跟你过了，反正咱俩也没登记，你过你的，我过我的，咱们井水不犯河水。”说完就回娘家去了。

回家后，她把这个情况告诉给哥哥肖广增，并且说：“我不跟他过了。”

肖广增听后，认为妹妹被人欺负了。既然不跟他过了，自己给他们买的彩电应该让唐世军赔偿，另外，他还给买了一些别的东西，也应该拿回来。他就找几个亲属和朋友，来到唐世军家，把唐世军斥责一顿，说：“我给你买的这些东西，是因为你跟我妹妹要在一起过日子，现在你们既然不能在一起过了，你得赔我的彩电，其他东西，凡是我给买的我都拿走。”说着，就把他给买的液化气罐拿走，还摘下了他家的挂钟，把他家的生活日用品扫荡一空，然后离去。

肖广增的行为无疑是火上浇油，激发矛盾，使矛盾更加尖锐。唐世军的未婚妻子走了，家产也没了，失去理智的他觉得已经走投无路，决定鱼死网破，拼死一搏，于是，这场悲剧便发生了。

没登记的婚姻不牢固，
纠纷、打斗、凶杀常光顾。

小案不小

这是一件小案，小到不能再小的程度，却惊动了北京，惊动了中华人民共和国最高人民法院。这起案件发生在辽宁省锦州市义县。

辽西义县农民蒋新利因为家境贫寒娶不上媳妇，到了29岁这年，经媒人介绍，与女方经过像在市场上买东西那样讨价还价，最后以8000元彩礼成交。蒋新利把多年积攒的8000元交给媒人，女方王丽英见了钱，同意嫁给穷汉蒋新利。可以想得出，没有爱情的婚姻，完全是金钱交易，遇事谁都不肯忍让，结婚仅仅一个月，夫妻二人为生活琐事发生口角，王丽英把衣服、裤子包了一包，对蒋新利说“拜拜了，不跟你过了，咱离婚”，然后就回邻村的娘家去了。

妻子一走，家里空空荡荡，蒋新利就跟没结婚一样，但积攒多年的钱没了。他想，这事儿不对。离婚可以，才结婚一个月，这8000元彩礼得有个说法。他就连晚饭也没吃，急忙赶到王丽英家去要这8000元。

王丽英的父母挽留他在那儿吃了晚饭，饭后他提到这笔钱的事。王丽英父母都说，夫妻俩发生点儿矛盾这很正常，不能离婚，然后就撵王丽英让她回去。王丽英不干，说：“日子不过了，坚决离婚。”两位老人百般相劝，王丽英软下来，说：“现在 10 点钟，夜深了，明天再说吧。”两位老人就留蒋新利在这儿住，明天让王丽英跟他一起回去。

两位老人在东屋住，蒋新利和妻子王丽英在西屋住。到了夜里 11 点，这两位老人就听西屋打起来了。原来，蒋新利要发生性行为，王丽英不让，两人撕扯了一阵就争吵。王丽英说：“我们要离婚了，你扯这事儿就不行。”

蒋新利说：“要离婚不是还没离吗。”

“我已经提出离婚了！”

“你提出离婚不假，咱不是还没办离婚手续吗？今天晚上你仍然是我妻子，你拒绝就不行！”

“我有我的自由。”

“什么自由，你把我 8000 元退回来。不退我就要干。就是去嫖娼也不用花 8000 元。”

“退也不能直接退给你，我是通过媒人拿的这笔钱，退钱得退给媒人。”

“咱现在就去找媒人！”

……

两人边吵边动手脚。屋内灯光明亮。当时是夏季，屋内热，不仅窗帘没挡，窗户也没关。蒋新利光着膀子骑在王丽英身上，他身下的王丽英拼命挣扎、呼喊。

两个老人隔着门玻璃，看见西屋炕上王丽英和蒋新利在滚爬厮打，急得团团转。由于屋门插着，进不去，只好眼睁睁地看着女儿满脸汗水、披头散发地跟蒋新利撕扯。蒋新利脱光了衣裤，也把王丽英的衣裤扒光，把她压在身下，任凭王丽英怎样反抗、厮打，蒋新利就是不下来。王丽英哭喊着、挣扎着。王丽英的母亲看了心疼，实在没办法，就砸碎门玻璃，打开门，拿根烧火棍进屋就往蒋新利后背上抽。只要他不下来，这老太太就一棍一棍地往他后背上猛砸。蒋新利光着身子，被打得受不了，下来了。老太太这才住手。老太太一住手，蒋新利又往王丽英身上爬，活像一头发疯的犟牛、发狂的雄狮。他有一种 8000 元被骗的仇恨心理，这种心理使他产生了满腔怒火，这怒火化作仇恨，使王丽英遭受到凶残的蹂躏和侮辱。

时间一分一分地过去。凌晨 1 点了，这两个人还在进行着这场闹剧。老太太守在一旁，不时地手握烧火棍为女儿助战。王丽英的父亲不愿看这荒唐的场面，怎么办呢？就跑到村长、村治保主任家，哀求他们赶紧去，去救救他女儿。

村治保主任来了，走进院子，从窗玻璃清楚地看到蒋新利赤条条的身子，像块石板一样压在王丽英身上，不让她翻身。王丽英的父亲对治保主任说："这哪叫夫妻？这就是畜生！你快救救我女儿吧！"

蒋新利听到院子里有说话声，仍然压在王丽英身上说："我们夫妻在办事，你们要看，就进屋看，别在外边偷看。"

屋里的搏斗、厮打进行了四个小时，王丽英的体力实在不行，最后休克昏过去了。蒋新利仍不放过，还是老太太的烧火棍起作用，把蒋新利打得受不了。王丽英的父亲找来村里医生，对王丽英紧急抢救。村里的治保主任领来了派出所民警把蒋新利带走。随后蒋新利被拘留，县检察院以强奸罪提起公诉。

在法庭上，蒋新利提出辩解，说：“我们是夫妻，尽管我媳妇提出要离婚，但没办离婚手续，我们仍然是夫妻。再说，我攒了一辈子才攒那几个钱，全被她拿去了，不能她说离婚就离婚。”

婚姻关系没解除，夫妻之间存不存在强奸犯罪问题呢？难坏了法官。

按照《刑法》第二百三十六条规定，强奸罪，是指以暴力、胁迫或者其他手段强奸妇女的，或者奸淫不满 14 周岁幼女的行为。《刑法》并没把丈夫强奸妻子的行为排除在强奸罪之外。因此，县检察院根据事实，依靠法律，以强奸罪起诉蒋新利。县法院经过开庭审理认为事实清楚，证据确凿，但在认定蒋新利是否构成强奸罪的问题上意见分歧很大。

对于事实清楚，但如何适用法律，如何定性，下级法院一时拿不准的案件，为了对人民负责，在法院内部当时有个“疑难案件请示制度”。于是，这个县法院便把此案作为“疑难请示案件”报送到辽宁省锦州市中级人民法院。中级法院争议很大，为了慎重处理，他们把这个案件作为“疑难请示案件”报送到辽宁省高级人民法院。

这个小案件，辽宁省高级人民法院的合议庭意见就不统一，大家众说纷纭，经过辽宁省高级人民法院审判委员会立会集体讨论，为了避免错判，最后决定：将此案作为疑难请示案件，向北京上报，请示中华人民共和国最高人民法院。

经过一段时间，最高人民法院来函说明：鉴于婚姻关系没解除，在夫妻之间不宜以强奸罪对蒋新利惩处，但蒋新利的行为如果构成别的犯罪，应依法制裁。

最高人民法院的意见被层层下转，转县法院。县法院认为，我们请示的是能不能构成强奸罪，既然不构成强奸罪，便作出无罪判决。

蒋新利被无罪释放了。但如果他被认定犯了侮辱罪，这是永远翻不了的案件。

牛不饮水强摁头，方法不对祸临头。

放荡女人

辽宁省阜新县化石戈乡的农民吕江，活不见人，死不见尸，就像人间蒸发，没了。

他妻子李秀荣说："吕江说，他到沈阳去打工，去了以后就和家里断绝了联系，既不往家邮钱，也不往家打电话。男人花心，说不定在外边又有了新家。"但吕江的母亲发现这样一个问题，在吕江不在家的时候，吕江的妻子李秀荣擅自将怀孕七个月的胎儿引产了。

吕江的表叔说："8 月 8 日那天，吕江到我家跟我商定，准备在 8 月 12 日那天跟我一起去内蒙古的奈曼旗去做牲口买卖。到了 8 月 12 日那天上午 9 点多钟，我到吕江家去找他，他媳妇说，他到沈阳打工去了。我纳闷儿，吕江从来不说谎，这一次怎么失信了呢？"

吕江的母亲说："我儿子吕江不要说是外出打工或者做生意，就是临时出门走两三天也和我打招呼，而这次上沈阳打工，吕江没告诉我，我根本不知道，只是听儿媳妇这么说的，是不是打工去了说不清。我不相信他对我能不告而别。"

吕江的父母考虑到吕江跟媳妇平时关系不睦，认为吕江失踪了，凶多吉少，于是就来到阜新县公安局报案，说吕江可能是被害了。

吕江失联这是事实，但到底是他在外打工起了花心，在外边又安了新家，还是像他母亲说的那样遇到不测，被人杀害了呢？对这个问题，阜新县公安局很重视，派出人员进行广泛了解和调查。

在调查中群众反映，李秀荣跟本村的吕长海关系不清。使人们不能理解的是，在吕江失联后，吕长海竟然把李秀荣住的旧房扒掉，紧挨他家的房子盖了一处平房，并且垒上了高高的院墙，从外边看，李秀荣的家跟吕长海的家就像一家一样，都围在一个高墙里。有群众说，吕长海家就是一个“东宫”和一个“西宫”，其寓意不言而喻。

刑侦人员到那详细观察了以后，感觉吕长海住的地方远离村子，背靠小山，前边面临沟壑，具备作案后不易被人发觉的条件。刑侦人员在调查中，群众还提供了许多线索。在这种情况下，刑侦人员决定对李秀荣进行讯问。

在讯问中，刑侦人员问她许多问题，当问到吕江外出打工没回来，你们没有联系，也没有商量，怎么能够在这种情况下就将怀孕7个月的胎儿做人工引产了呢？

李秀荣答不上来，脸上开始冒汗，表情明显露出慌张。刑侦人员一看便知，这里大有文章，继续追问：“你引产后，吕江如果回来了，你怎么向他交代？难道你知道吕江已经死亡了吗？”

俗话说，做贼心虚。李秀荣自己干了什么事，她自己清楚。当刑侦人员问她，难道你确认吕江已经死亡了吗？这时李秀荣慌张、冒汗，无地自容。在刑侦人员一再追问下，她说：“我跟吕江性格不合，经常吵架。在 8 月 10 日那天，他要跟他叔叔出门做买卖，他早晨吃的是面条，我就在面条里放了老鼠药。他吃了口吐白沫就死了。当晚我找来吕长海帮忙，我们用自行车把尸体推到西边的小树林里，挖个坑给埋了。”

刑侦人员将李秀荣押上警车，让她带路去寻找尸体。在李秀荣的指引下，找到了埋尸地点。刑侦人员拿起铁锹，挖了一米多深发现了尸体。经鉴定，确认是吕江的尸体。

经尸体检验发现，死者的头盖骨上有砸伤的裂纹，在胃内却没发现鼠药。刑侦人员问李秀荣：“既然是用鼠药毒死的，那么，他的头盖骨上怎么会有砸伤的裂纹？吕江究竟是怎么死的？”

李秀荣实在找不到可以用来搪塞的言语，只好说了实话，把她的奸夫供了出来。她说：

她跟吕江订婚后还没结婚，就跟本乡一个养蜂人私奔到南方，不到一年，怀着 6 个月的身孕回到家中。吕江的父母害怕跟她告吹以后再娶不到媳妇，就让吕江跟她草率完婚。婚后两个月生个女婴，吕江知道这孩子不是他的，就经常跟李秀荣吵架。

她既然已经跟吕江订婚了，却又跟他人私奔，还怀上了他人的孩子。这一不检点行为使她自己把自己弄得污秽不堪。有污点的人不受人尊重，人生不可避免地要遇上悲剧。

李秀荣不受尊重，她就常常到吕江的叔叔吕长海家诉苦。夫妻关系不睦，吕长海就趁机与她勾搭成奸。吕长海这个人也怪，自己有妻子、有家庭，不好好过日子，却有了婚外恋，跟一个生活放荡的女人沾上了。从此灭顶之灾便一步步向他走近。

吕长海是个视妻为奴的恶夫，他根本没把妻子放在眼里。在他的拳脚之下，他让妻子跪着，妻子不敢站着，这给他与李秀荣的淫乱创造了条件。吕江外出打工时，吕长海竟然把李秀荣叫到家，与其同睡一炕。天长日久，吕江知道了这个情况，与李秀荣的关系急剧恶化，几乎天天吵、日日闹。李秀荣没有与吕长海中断关系的想法，却产生了要杀死丈夫的念头，认为吕江是她与吕长海通奸的障碍物、绊脚石，不除掉碍事。李秀荣开始寻找机会除掉吕江。

8 月 9 日晚上，吕江告诉李秀荣，他要跟表叔到内蒙古的奈曼旗去做牲口生意。李秀荣感到杀害吕江的机会到了。第二天一大早，李秀荣告诉吕江，她打水不慎把水桶掉井里了，让他给捞上来再走。吕江只知道他跟妻子关系不睦，没想到妻子会杀他，毫无防备。那井是个四周用石头垒砌的大土井，吕江从井口踩着石缝，一步一步下到水面，用一个钩子把水桶钩住，挂到井绳上。

就在吕江下井捞水桶时，李秀荣跑去找来了吕长海，让他帮助。水桶挂到井绳上，李秀荣摇辘轳把水桶拽上来，在吕江踩着井壁的石缝往上爬的时候，吕长海搬来了石头，站在井口，对准吕江的脑袋狠狠砸下去。吕江一下子就滚落到井底水里，吕长海和李秀荣怕他不死，两人又接连往井里砸了好几块大石头，你砸一块，我砸一块，觉得吕江必死无疑这才住手。

当天晚上10点多钟，吕长海和李秀荣一起动手，用钩子、绳索、辘轳把吕江的尸体从井里捞上来，用自行车推着，运到村西小树林，在那挖坑掩埋。从此，李秀荣就对外声称，吕江到沈阳打工，一去杳无音信。

吕长海被抓捕归案。面对证人、证据和挖出来的尸体，他知道狡辩无济于事，只好低头认罪。他和李秀荣都被辽宁省阜新市中级人民法院认定犯了故意杀人罪，受到了法律的严厉制裁。

畸形的关系往往引来祸端。

死路一条

11 月 19 日晚上 7 时 45 分，有人向公安机关报案：说是在沈阳市铁西区乐工街的一户居民家里发现两具女尸。两名死者的年龄都在二十七八岁，身穿秋装。其中一具尸体的头部有钝器击打过的痕迹。另一具尸体的颈部有皮下出血。屋内西侧的一个矮柜上有一团纸，上面有这样几个潦草的字："我突然对生活失去了信心，人生真没有意思，永别了，所有爱我的亲人。"紧接着下面是日期，写的是 11 月 14 日。

法医经过鉴定得出的结论是：一个死者由于生前头部受到强烈的钝器作用致死，另一个死者因遭扼颈窒息而死。因此可以推断：是他杀。如果是他杀，凶手是谁？

经查，其中一个死者叫郭萍，28 岁，是从哈尔滨电工学院毕业后来到沈阳电磁厂工作的，是这个厂的技术员，结婚后因与丈夫性格不合离婚了，自己一个人独居在这里。现场是她的家。另一名死者是苏玉红，也是 28 岁，与郭萍在同一个工厂工作，工人，未婚。这两个人同时被杀死在郭萍家，这个消息像一枚炸弹，在工厂里炸开，人们议论纷纷。不少人说："曲臣跟这两个人关系暧昧，这三个人经常在一起。"曲臣立刻成了作案的重大嫌疑对象。

曲臣，是沈阳电磁厂一个很不起眼的工人，既不富有，也不英俊，身高 1.72 米，在各方面都没有超常之处，可是，他却占有三个女人。除了他妻子之外，另外就是郭萍和苏玉红。

郭萍和苏玉红都有一个最大的心愿，就是离开本厂，离开沈阳，离开一切熟悉的人和环境，要到南方去闯天下，去发展。所谓的南方究竟是哪里，她们也说不清楚，在她们看来，广州、深圳，甚至是海南岛那边冬天不冷，有许多人在那边奋斗发了财，那里对她们有极大的吸引力。

郭萍由于离婚了，想离开故土，到远地方去生存发展这还可以理解，至于苏玉红为什么也有这样的想法，实在令人费解。这两个人想到一起去了，不谋而合，彼此之间都觉得相见恨晚，知音难觅。

就在这时曲臣出现在她们眼前。不知曲臣是通过什么手段获得了这两个比他小 8 岁的女人的好感。曲臣答应她们，要带她俩南下，三人在那里共同生活，要营造一片属于他们自己的田园乐土。曲臣向她们编造了一个又一个美丽的南国之梦：他们三个人到那里要在一起生活，共同打拼，有了钱在那里买房子、买车，给她们绘制了一幅美好的画卷，这给郭萍和苏玉红带来了无与伦比的喜悦，撩拨着她们寂寞的心弦，激发起她们潮水一般的热情。在准备开赴南国的日子里，这三个人如胶似漆，难舍难分。郭萍和苏玉红两个人还向曲臣表示，要以身相许，信誓旦旦地向曲臣表白：三个人要在一起同甘苦，共患难，至死不渝。

既然要去，什么时候动身呢？他们三人经过仔细研究，最后确定在11月13日启程。他们确定了出发日期，互相叮嘱：我们马上着手准备，准备衣物、钱财，如果需要，要通知自己的亲密好友，但不能说出具体的出发时间和去向，只能说是到远方。他们做好了充分准备，临近启程的头一天，也就是11月12日，曲臣通知她俩：起程要延期，因为他家出事了：他7岁的儿子把小同学门牙打掉了，他正在处理赔偿事宜。

曲臣认为，他要求延期启程的理由充分，但郭萍和苏玉红却认为自己被骗了。这算点儿什么事！既然要离家出走，把家扔了，难道出现这样的事还能阻止出行的脚步吗？出走以后，家里出现这类事情还能回来帮助处理吗？她俩认为，曲臣只是口头说跟她俩好，不是真心实意。曲臣的情感重心、经济重心仍然在家里，他只是以这个问题作借口，可能想撕毁去南方的协议，不想去了。郭萍和苏玉红一切都准备停当，心有被骗之感，十分有气。

郭萍和苏玉红再一次打好了包裹，一切准备就绪，11月16日这天上午，她们把曲臣叫到郭萍家，问什么时候出发。

曲臣来了，见她俩准备齐全，便一筹莫展，不知所措。郭萍和苏玉红见到他的表情，知道他不想去了，气就不打一处来。郭萍说："你到底去不去？我们都准备好了，你如果不去，我们俩也没法去，我们就自杀。"苏玉红说："我们都计划好了，也准备好了，马上就要出发，在这个时候你怎能说变就变呢？我们即使不自杀，也要把我们三人的关系公布于众，我们不能这么随随便便被你欺骗，被你玩弄！"

曲臣异常惊慌，他确实不想去了，他舍不得妻子和孩子，舍不得他的小家。但已经走到了这一步，怎么处理呢？他这时起了恶念。为了稳住她俩，就说：“去，怎能不去呢？我也准备好了。苏玉红，你到门口食杂店给我买一盒烟，我抽支烟，马上回家取衣服、箱子，我们今天就走。”

曲臣既然答应马上就走，这是她们两个人求之不得的。苏玉红没有怀疑，也没提防，真的就出了屋，到门口的食杂店去给他买烟。就在这时，曲臣趁屋里的郭萍不注意，操起地板上的钢制扁模具，照她头上猛砸，一下、两下、三下，郭萍还没来得及反应就停止了呼吸。这时苏玉红买烟回来了，见郭萍仰卧在地板上，不知发生了什么事，就喊她、推她，想把她推醒。她万万没想到，曲臣把一双手伸过来，狠狠掐住她的脖子，致其当场窒息死亡。郭萍和苏玉红的南国美梦成了两人双双毙命的噩梦。

由于郭萍自己一个人在这里居住，别人不会来，曲臣杀人后非常从容，为这两具女尸抹了口红、涂指甲，还伪造了一份遗嘱，设下了种种被害人自杀的假象，然后离开这里。

曲臣有妻子和孩子，本来有一个温暖幸福的小家庭，可是他竟然在平静的生活中掀起波澜，心生家外安家的邪念，顺着这条邪恶之路走向灭亡。

男人走向死路往往与“色”有关，
女人走向死路常常与听信男人的谎言有关。

姑息养奸

夫妻一方与他人通奸怎么办？有人离婚，有人报复对方，而辽宁省瓦房店市的孔孝先则睁一眼，闭一眼，姑息养奸。他有他的主意：我才不管这种屁事儿呢！结局怎样了呢？请看：

那年春季，田间绿苗成行。早晨，孔孝先的妻子李翠莲从地里干完活儿回家吃早饭，一推门，看见丈夫吊死在厨房的檩子上，立刻泪如泉涌，坐地号啕大哭，边哭边喊着说："你这个短见的人，丢了几个钱就上吊，扔下我，可让我怎么活啊……"

邻居们听见哭声都跑来了，李翠莲边哭边向他们诉说："前天，他带 1000 元到砖厂买砖，准备运回来砌院墙，没想到把钱丢了，谁知他竟寻了短见。"

孔孝先有个弟弟叫孔孝金，也在这个村子住，他闻讯赶来。别看他是个二十七八的愣小伙子，却有几分头脑。他想：哥哥是个"乐天派"，从来不知愁，生活中也不跟别人惹气，没有不顺心的事，怎么会因为丢几个钱就突然寻短见呢？再说，近一两年，有个既非亲又非故的田守业常往他家钻，说不定这里还有文章呢！邻居们把哭得死去活来的李翠莲搀到屋里，让她在炕上躺一会儿，接着就要把尸体解下来。孔孝金严声厉色地阻止说：“不要解，反正人也死了，尸体也硬了，先这么吊着，这事得赶紧通知村领导。”邻居们见说话人是死者的弟弟，又看他那吓人的表情，也就不再动手了。

孔家院子里的人越聚越多。有来帮忙的，也有来安慰李翠莲的，还有不少是来看热闹的。李翠莲躺在炕上，边哭边说：“你们把他解下来，那么吊着好看吗？快给穿上寿衣啊！”而孔孝金守住尸体，半步不离，坚决不让动，非要等村领导来了不可。

村长、书记，还有治保主任都被找来了。孔孝金说：“人是非正常死亡，又死得突然，得保护现场，需要公安机关验明死因，不能急着送葬。”

正在这时进来一个人，他叫田守业，接近 50 岁，是邻村的护林员，他以孔孝先的生前好友身份挤在人群中嚷嚷：“有什么现场可保护的！这屋就是现场，进屋这么多人，现场早就被破坏了，先解下来再说。”他见没人理他，就拿起孔家窗台上的一把镰刀，不顾阻拦，一下子就把绳子砍断，尸体掉下来，“咚”的一声，头部摔在一个装满猪食的泥盆上，盆碎了，猪食洒了一地。

后来经过法医鉴定确认孔孝先不是自杀，是他杀。李翠莲第一个被讯问。

“你什么时候发现丈夫死的？”

“早晨我到地里干活儿，回来吃早饭时发现的。”

“你到地里干活儿，什么时候离开家的？”

“天刚亮。”

“那时你没发现他上吊了吗？”

“没。如果发现，我也不能去干活儿啊！临走时他还在睡觉，我把他喊醒让他做饭。”

“你丈夫头上的伤怎么形成的？”

“是田守业砍断绳子，尸体掉下来，摔到猪食盆上，盆都碎了，头上还能没有伤吗？”

“你丈夫是他自己吊死的吗？”

“你们怎么能这么问呢？还能是别人害死的吗？”李翠莲说完就哭，并且说：“我死了丈夫，心情不好受，你们还瞎怀疑，干脆把我枪毙得了，我不想活了……”

李翠莲不讲实情，公安人员没办法，就直截了当地告诉她：

经法医鉴定，根据尸体出现的尸僵时间、尸斑的形成和胃里食物消化的情况，可以断定孔孝先是在凌晨一两点钟死的，而不是天亮以后才死的；死者头上的伤，是生前受钝器击打形成的，不是死后摔的，因为死后心脏停止跳动，血液不流通，死后摔伤不会出现那样的淤血和流血；另外，脖子上勒的绳印也不对，自己吊死的，喉结处勒的印痕最深，左右两侧逐渐变浅，至脖后勒的印痕消失，脖后勒痕不封口，整个勒痕是马蹄形，而孔孝先脖子上的勒痕是封闭环形，这说明他是被人勒死的，不是自己吊死的。

公安人员的解释有道理。李翠莲把问题想得太简单了，听公安人员这么一说，她不嘴硬了，也不敢辩驳，最后说了实话。到底是怎么回事呢？这得从两年前说起。

田守业与李翠莲素不相识，他是邻村的护林员，近50岁，因为死了老伴儿，儿子又参军去了，只好一人生活。两年前春季的一天，他突然来到李翠莲家，说他到大连看望参军的儿子时，还见到了李翠莲的儿子。李翠莲的儿子是班长，是孔班长让他回来到这里告诉一声，说部队的生活挺好，不让父母挂念。李翠莲想儿子心切，问这问那，多说了一些话，这么一唠，就到了中午吃饭时间。李翠莲和丈夫孔孝先都十分热情，挽留他吃了午饭。吃了一顿饭不说，由于李翠莲过于热情，使这个光棍汉想入非非。

田守业本来没打算在这里吃饭，来的时候既没带礼品，也没带东西，空着两手，吃完把嘴一抹就走觉得好不自然。这种感觉和他的邪念驱使他在半个月后的端午节前，给李翠莲家送去20斤黄米和两把粽子叶。

孔孝先和李翠莲见了这些东西，喜笑颜开，比上次更热情地款待了他。田守业由此断定：孔家夫妻是贪利之人，只要我舍得钱财，什么欲望都能满足。从这以后，他成了孔家的常客，每次来都不空手，有时馋了，还把鱼、肉、蛋之类的东西拿到孔家，三人一起吃。遇到坏天气或者是喝多了，就住在孔家不走。孔孝先心里也明白，你田守业与我一无亲，二无故，又不欠我什么人情，往我家拿酒、拿肉，意在李翠莲。他本想冷淡田守业，或者直来直去地明说，不让他再来，但又一合计，如果这样，就等于堵住了酒、肉的来路。孔孝先聪明一世，糊涂一时。这时他竟错误地认为，他和李翠莲夫妻20多年，又有子女，现在都是半大老头、老婆子了，难道还能离婚？只要不出大问题，你李翠莲愿怎样就怎样，我才不管你们那些闲事呢？我孔孝先只要有酒喝、有肉吃就行。

错误想法必然产生错误行为，错误行为就会产生意想不到的后果。他没疏远田守业，有两次馋急了，还去找过田守业。找来了，就吃、就喝，对别的事，睁一眼、闭一眼。他怕田守业不再来，还常常故意给他们让方便。而李翠莲吃了人家的，用了人家的，也就上了圈套，对田守业的不轨要求也就不好意思拒绝。这样一来，天长日久，就形成一个畸形家庭——二夫一妻。二夫一妻过日子，就像用三根筷子吃饭，总是不顺当。

李翠莲和田守业的不正当关系迅速发展。后来，李翠莲在不知不觉中开始烦孔孝先了。他发现孔孝先又笨、又傻，不会说话，不会办事，白天干一天活儿晚上带回一身臭汗，就连呼出的气也臭不可闻；而人家田守业，是个护林员，在山上溜溜达达，散散步，就把钱挣到手。李翠莲不是没想到离婚，只是感到不好张口。“两人是爱人，三人是仇人”。她开始盼望孔孝先能够死于车祸或者别的意外事件，但总是不能如愿。

孔孝先自己不觉得，他已经成了李翠莲和田守业的障碍物。如果没有他，这两人何必这么偷偷摸摸地猫洞来狗洞去呢，光明正大地结为夫妻多好。再说，田守业手中的钱财也有限，老往孔家拿，他也拿不起。一旦拿不出东西，孔孝先是不会让他来的。为了除掉孔孝先，田守业想出个办法：先用绳子把他勒死，再编造事由，说是他自己吊死的。对这个伤天害理的主意，与孔孝先有20多年夫妻情义的李翠莲居然同意了。真是人无害虎心，虎有伤人意。不管别人“闲事”的孔孝先就要大难临头了。

孔孝先被勒死的前一天，田守业拎着酒、肉、菜又来了。田守业酒后佯装大醉，睡在孔家，半夜捅醒了李翠莲，两人就开始下毒手。在黑暗中，李翠莲递给他一条绳子，田守业用手绾成一个套，蹲在炕上，搬起熟睡中孔孝先的头就往里套。田守业心慌手颤，没套上，而孔孝先呢，一碰就醒，他问田守业：“干什么？”

孔孝先虽然嘴里这么问，但仍没想到是要勒死他。当时，屋里没开灯，孔孝先又没看见绳子，问完，仍旧躺着，没有反抗。田守业说：“你睡觉没枕到枕头，给你垫上。”

李翠莲这时站在地上，以为被发觉了，慌得不知所措，从箱盖上摸到一把手锤，就照孔孝先头上狠砸一下。她认为要是砸在太阳穴上，一下子就能把孔孝先送上西天，可是，不知是没砸准还是力气用得不大，孔孝先没死，“哎呀”一声，还捂着脸坐起来。田守业一看，慌了，一下子扑过去，张开双手，像钳子一样掐孔孝先的脖子，想掐死他。孔孝先力气大，奋力推挡，两人在炕上滚作一团。

他俩噼里啪啦地打在一起、滚在一起，李翠莲举了好几下锤子没法下手。田守业说：“快，拿绳子！”李翠莲把绳子又一次递过去，在滚打中，田守业把绳子套到了孔孝先脖子上，自己拽一头，另一头塞到李翠莲手中，说：“快！”她俩一个在炕头，一个在炕梢，蹬着炕上的被子，像拔河一样狠命地勒。

孔孝先拼命用双手扒脖子上的绳套，扒不开，又用两脚猛踢这两个人。炕太小，李、田两人躲不开，就拽着绳子下了地。孔孝先也被拖到地上，被勒得在地中心直打转，两脚还乱蹬。田守业把绳头从门槛下的空当伸到门外，站在门外勒，并告诉李翠莲也这样做。这样一来，他俩隔着门框，站在厨房勒。孔孝先的头卡在门槛下，两脚在屋内无目标地乱蹬，不一会儿就被勒死了。

李、田两人怕他不死，又勒了好一会儿才松手。接着，他俩按事先的预谋，把孔孝先吊在厨房檩子上，在他脚下又放倒一个凳子，制造自缢的假现场。田守业帮助收拾一下之后，趁着黑夜溜走了。第二天一大早，李翠莲从地里干完活儿回来吃早饭时便演出了一场哭夫闹剧。

李翠莲和田守业被辽宁省大连市中级人民法院认定犯了故意杀人罪，都被判处了严厉的刑罚。

一味姑息养奸，悲剧难以避免。

芦苇塘边

在辽宁省丹东市辖区内的东港市大东镇附近，有一片芦苇塘。大东镇的韩品一老人跟往常一样，早晨在芦苇塘附近锻炼身体，突然发现苇塘边有一堆黑乎乎的东西，走近一看，大吃一惊，原来是一具躺在血泊中的尸体。他立刻把这个情况向公安机关报告。

刑侦人员发现，死者是男性，农民打扮，40 多岁，左手上的一只拇指缺半截，胸部和腹部有 10 多处锐器伤，两手被锐器划得血肉模糊。在现场留有两把新的刮刀，其中有一把还掉了把。地下有明显的搏斗痕迹和女人的高跟鞋足迹。死者的外衣铺在地上，鞋里有玉米皮做的鞋垫，裤子上用红纱巾做的腰带并且没有系，在他的兜里，没有任何证件，没有发现任何信息，只发现有两张长途汽车票。经过对现场的勘查和对尸体检验，初步认定这是一起有女人参与的奸情凶杀案。

刑侦人员对案情进行了详细分析认为：死者不像是本地人，从他衣兜里发现的两张长途汽车票来看，很可能是从远程来到这里的外地人。因此，刑侦人员决定开辟两条战线：

一条是在当地发动群众，从多方面查找死者身份；另一条是组成侦破小组，根据死者身上两张长途汽车票的票价，计算出距离，到外地调查。

根据长途汽车票上的“A 鞍”的标记和票价分析，死者很可能是从辽宁省鞍山市辖区内的海城买票乘车来到这里的。于是，由公安局副局长带领的侦破小组迅速赶到海城汽车客运站，出示车票，让车站的工作人员鉴别。得到的答复是，由他们这里发售的车票印有“K 海”字样，而不是“A 鞍”字样。

刑侦人员随后赶到鞍山市公安局，请求他们协助调查。鞍山市公安局立即派出富有侦破经验的侦查员协助工作。

在鞍山市客运站的车票存根中，很快查找到了从死者衣兜里发现的那两张车票的存根。根据车票存根，侦查人员找到了那趟车次的司机和乘务员。司机和乘务员认定，车票是他们这趟汽车从鞍山出发，行至丹东的途中售出的。根据票价推算，持票人是从丹东的小孤山上车的。至于买票的是什么样的人，已经记不起来了。据此，刑侦人员把侦破的重点放在了小孤山乡。

刑侦人员在当地公安机关配合下，根据死者鞋里有玉米皮做的鞋垫这个细节，他们把侦破范围缩小在当地有这种习惯的五个村内，发动群众进行辨认。很快查明了死者叫肖广奎，是当地的果树技术员，为人忠厚老实，他在前几年，因为帮助别人打井，不慎把左手拇指砸掉半截。此人前几天跟妻子李桂凡到东港后，至今下落不明。

既然确定了死者的身份，刑侦人员立刻在当地展开详细调查。一个个疑点、一条条线索都集中到了两个人身上：一个是死者的妻子李桂凡，另一个是本村的村民曾福元。

有村民介绍说："在前年的腊月，曾福元就跟李桂凡勾搭到一起去了。"

"去年，肖广奎家承包的果园子收入很多，但日子过得不怎么样，都让他媳妇倒贴给曾福元了。"

"前两天，李桂凡和曾福元两个人还到丹东的东港去了，听说要到那里去找李桂凡的哥哥，让他把户口迁到东港去。这两人一块儿刚从东港回来不几天……"

当地群众向刑侦人员反映了许多线索。这些迹象表明，李桂凡和曾福元有重大杀人嫌疑。在取得大量证据的情况下，刑侦人员决定拘捕这两个人。在当地公安机关和村干部的配合下，刑侦人员出其不意地出现在李桂凡面前，问她曾福元哪去了，李桂凡说不知道。刑侦人员在她家搜查，在她家玉米仓架子下，发现曾福元露在外面的两只脚，随后把他拽出来。

李桂凡和曾福元两人被公安人员抓获，他们做了什么事，自己知道。公安人员在茫茫人海中，能够单单把他俩抓获，其原因不说自明。他们乖乖地如实交代了全部案情。

曾福元是这个村子的村民，40 多岁仍然没娶上媳妇，光棍一人。在两年前，他以帮助肖广奎家干活为名，跟其妻李桂凡勾搭成奸。没过多久，被肖广奎发现了。

肖广奎这个人傻不傻，对这种事竟然视而不见，忍气吞声，姑息养奸。他认为，妻子热爱这个家，做饭、洗衣服、料理家务，一心一意，不影响他的生活。他觉得，只要我能照常生活，我才不管你们的屁事呢。他的这种放任态度，助长了这对狗男女的嚣张气焰。他哪里知道，爱具有排他性。真爱只能在一对男女之间产生。夫妻二人，如果有一人婚外恋，爱情转移，爱上了婚外人，就会把自己的配偶看成是眼中钉、肉中刺，偷情的障碍，离婚是迟早的事。其中的一方杀死另一方的现象也屡见不鲜。

在农村，同住一村的男女二人通奸，很快就会传遍全村。人们普遍认为，通奸、偷情、婚外恋，是最可耻的、见不得人的勾当。李桂凡和曾福元为了达到长期在一起的目的，他俩曾经多次合谋，要除掉碍事的肖广奎，但终因害怕受到法律制裁而没实施，两人只能这样偷偷摸摸地猫洞来、狗洞去，受人谴责，挨人白眼。为了打破这种局面，结为合法夫妻，他俩认为必须除掉碍事的肖广奎。

李桂凡的哥哥在东港市，她到那里去过，觉得东港附近的苇塘偏僻，很少有人涉足。她就想把丈夫骗到那里，跟曾福元在那儿结果他的性命。有一天，她对曾福元说："咱俩如果在我们村子里把他除掉，你我二人很快就会成为杀人的怀疑对象。我有个哥哥在百里之外的丹东东港市，我可以把我丈夫骗到那里，咱俩选个地方，在那里把他杀了，那里的人都不认识我们，咱俩把他除掉立刻赶回来，公安人员不会想到是我们干的。"曾福元同意，随后两人就进一步策划杀人的具体步骤。

按照李桂凡的安排，曾福元带着两把锋利的短把刮刀，一个人先来到东港隐藏起来。李桂凡以找哥哥往东港市办户口为名，把丈夫肖广奎骗到东港市。

肖广奎没想到妻子是骗他，跟妻子一同前往。按照和李桂凡约定的时间和地点，曾福元出现在东港郊区的苇塘边。这时，肖广奎也被骗到那里。他们相遇，肖广奎莫名其妙，至此仍然没弄明白是怎么回事。曾福元不由分说，拿着两把锋利的刮刀就向他胸部刺来。肖广奎用双手握住刮刀，这刮刀两面带刃，他双手立刻被划得血肉模糊。李桂凡协助曾福元，使曾福元行凶得逞，很快就将肖广奎杀死。两人达到了目的，扔下凶器拔腿便跑，火速离开这里。

李桂凡和曾福元杀死了肖广奎，开始筹划着怎样结为夫妻，没想到，事情刚刚过去了几天，他俩就双双落入法网。

爱具有排他性，对"第三者"绝不可姑息放任，否则可能引来杀身之祸。

名声不好

辽宁省北镇市赵屯镇的张永艳18岁，在农村这个年龄的姑娘谈婚论嫁不足为奇。但她年纪轻轻，却有许多人在她身后指指点点，说三道四。为什么呢？就是因为她跟许多男人关系不清，今天跟这个男人嘻嘻哈哈，明天跟那个男人亲密无间，后天又和另一个男人勾肩搭背，许多人看不惯，随之就传来了许多风言风语。

鲜花引蜜蜂，臭味招苍蝇。一个女人一旦有了不好名声，马上就会招来一群群“苍蝇”，挥之不去。一些品质很差的男人，即使没有跟她恋爱结婚的打算，也要靠近她，黏黏糊糊，想占她的便宜。而张永艳呢，麻痹大意，不拘小节，既不怕舆论谴责，又看不到这样发展下去会有什么危险后果。这样的女人，悲剧在等待着她。

张永艳有个舅舅叫郭显才，比她大两三岁，住的地方离她家不远，由于跟她有亲属关系，经常走动。郭显才知道外甥女张永艳名声不好，知道自己跟她的亲属关系决定了两个人不可能结为夫妻，但仍然关系暧昧，甚至只要有合适条件，两人就发生性行为。

一正压百邪，一邪生百恶。只要行为不检点，被人们看透了你不是一个“正经货”，想不到的意外就会发生，人生悲剧随时可能降临。

一天，张永艳对舅舅郭显才说：“我怀孕了。”

郭显才说：“怎么会呢？我们俩在一起只有几次。”言外之意是说：你即使怀孕了，也与我无关，肯定是怀了别人的孩子。但张永艳听不出弦外之音，不解其意，竟然认为是怀疑她怀孕，没过几天，她就拿着医院的化验单对郭显才说：“你看看，我例假中断了，经过化验，医院也说我怀孕了。”

女人怀孕，接下来就会出现一大堆问题需要面对。如果是已婚的，就要想到生孩子是否符合计划生育政策；如果是未婚的，事情就更麻烦了。未婚怀孕，随之招来杀身之祸的例子屡见不鲜。

张永艳问郭显才：“既然怀孕了，咱俩也不能结婚，这个孩子不能生，只能流产。”

郭显才认为，这算让她黏上了、赖上了，一是流产需要费用，二是到医院流产，是不是需要签字？是不是能够顺利流产？自己跟外甥女这种乱伦，会不会被外界知道？一系列问题压在郭显才头上，他吃不香，睡不着，坐卧不安。

遇问题怎么处理，检验着一个人的智慧。郭显才想不出好办法。时间一天天过去，张永艳的肚子一天天变大，这个事情任其发展也不是办法，郭显才急得走投无路，束手无策。

有一天，他约张永艳晚上到邻村去看电影，张永艳同意了。他告诉张永艳：“晚饭后天黑的时候，咱俩在村东头的路口见面，然后一同前往。”

吃完晚饭，天快要黑下来，张永艳去了，但不见郭显才踪影。等了一段时间，郭显才拎着一把铁锹走来。张永艳问：“快走啊，咱到那天就黑了，电影就演了。”

“演不了这么早。”郭显才一边回答，一边仍然磨磨蹭蹭，好像天不黑他就不走。

张永艳问他：“你拿铁锹干什么？”

郭显才说：“防身。看电影的人多，如果跟别人发生纠纷，我们手里有东西别人不敢欺负我们。”天真无邪的张永艳信以为真。

他俩走到僻静处，郭显才趁张永艳不备，举起铁锹，朝她头上猛拍一下，把她拍倒，紧接着就是一顿狂拍，直至把她打死。

郭显才检查了一下，她确实死了，认为自己跟张永艳的奸情不会有人知晓，也省去了做人流的麻烦。他翻翻张永艳的衣兜，兜里空空如也，分文没有，发现她手腕上有一块女式手表，觉得把这块手表跟尸体一起埋了挺可惜，就撸下来，装进自己衣兜，然后在路旁不远处挖一个土坑把尸体拽进坑，掩埋好，现场没留痕迹。

张永艳常常夜不归宿，她的父母见她又没回来，既着急，又生气。张永艳一连好多天没回家，她父母认为一定是被哪个流氓拐走了，认为家丑不可外扬，为了不被别人知晓，不但没报案，对她一连多日不回家的事还守口如瓶。

他们家养了一条黄狗，张永艳在家时，常常牵着这条狗出去遛弯。她不在了，这条狗就跟疯了一样，每天总是往村东头野外跑，然后回到家就围绕家里人摇头摆尾，眼角流泪。张永艳的父母盼女儿心切，就像丢了魂似的，心神不定，哪有心思去看狗一眼，对狗的反常动作完全没上心、没在意。

狗不灰心，不泄气，不管主人理不理它，每天它都照样往村东头的野地里跑，用爪子扒开被掩埋的张永艳的尸体，然后就跑回家，向主人摇头摆尾。它既不能把尸体拽回来，又不能向主人说话，只能如此。

事情发生后的第二十天，村里有个农民牵着自家的驴到村东头草地放牧。村外草地，绿草茵茵，这头驴本来可以老老实实地吃嫩草，但不知什么原因，它不但不吃草，还一个劲儿地往前挣，驴主人拽不过它，只好脱缰任其奔跑。这头驴没跑多远就突然停下来，扬起前蹄，然后慢慢地转圈。驴主人感到奇怪，跑到跟前一看，驴蹄子的下方有一具尸体，衣服已经被狗叼破。看到这情景，这位农民立刻向公安机关报案。在北镇人们所说的“狗扒尸，驴报案”指的就是这起案件。

尽管避孕的方法很多，堕胎的办法不少，因为未婚先孕而被人杀害的事例仍然不胜枚举。这起案件的奇特就在于“狗扒尸，驴报案”。我对这种说法不信，后来到那里去复核这起案件的证据时，那里的人们都说，这是真的，确实是“狗扒尸，驴报案”。

我听说狗的嗅觉比人的嗅觉敏锐，有奇特功能。它的主人失踪了，它凭敏感的嗅觉，能够找到主人被埋藏的位置，这也许可信，但驴为什么有异常的表现，我才疏学浅，对动物缺乏研究，实在解释不了，那只好相信“苍天有眼，不会放过坏蛋”。

张永艳的尸体被找到，郭显才料到自己杀人罪行很快就会暴露，他没去自首，不想求得轻判。他羞于见人，不想活了，想自杀。他到铁路上卧轨，不料被火车头前面的挡板撞得老远，使他翻滚到路基下，火车并没从他身上轧过去，人们把昏迷中的郭显才送到医院抢救。根据他的行为和群众的反映，刑侦人员认为他可疑，到他家进行搜查，搜查到了张永艳的那块女式手表。在事实面前，郭显才不得不供认杀害张永艳的原因和经过。

风流放荡，终会酿出苦果，
洁身自好，方得美满生活。

姑娘有错

辽宁省锦州市辖区内有个北镇市赵屯镇，年轻的姑娘张素梅就住在这里，她 22 岁，美貌待嫁。她憧憬着将来找个如意郎君嫁出去，建立自己的小家，过着夫妻恩爱、平淡幸福的生活。

她的邻居单国强 26 岁，跟她年纪相仿。在她眼里，单国强十全十美，不仅勤劳俭朴，知道过日子，身材面貌也都无可挑剔。她纳闷：这样的人，百里挑一，他妻子怎能总跟他吵架，后来竟然离婚了呢？

俗话说，一个巴掌拍不响。夫妻吵架、离婚，一般来说，双方可能都有不妥之处。但她细心观察，单国强为人处世通情达理，性格温顺，没有不良嗜好。张素梅确信，单国强离婚，责任一定在女方。她认为，自己如果跟单国强结婚，一定会夫妻恩爱，白头偕老，不会争吵打闹，更不可能离婚，于是主动向单国强伸出橄榄枝示爱，随后他俩偷偷地建立了恋爱关系。

他俩恋爱，时间一长，双方的父母都知道了。单国强的父母对此不闻不问，不表态。张素梅的父母则不同意，特别是她母亲，强烈反对。她对张素梅说："单国强离过婚，你嫁给他，他是二婚。他虽然没有孩子，但你嫁给一个二婚的，这叫填房做后，我们向亲戚朋友怎么交代？再说，单国强离婚以前，跟媳妇总吵架。离婚没好人，好人不离婚。他俩离婚，谁能说清楚责任到底在哪一方？咱是个没有任何污点的黄花闺女，凭什么要降格嫁给他？你就死了这条心吧，你跟他恋爱，我们家里坚决反对。"

别人的意见可以不听，但把父母的意见当作耳边风，这样不妥。再说，这老太太如果是一般的不同意，也好处理，态度如此坚决，这可难坏了张素梅。张素梅不止一次地向她解释，认为单国强是自己家的邻居，对他很了解。他跟妻子离婚，责任究竟在哪一方，他们为什么要离婚，有许多事情都没弄明白。再说，离过婚的人，因为婚姻问题失败一次，这并不是坏事，他会更加慎重处理婚姻问题，会更加珍爱家庭，说不定这也是一件好事。不管张素梅怎么说，这老太太坚决不同意，毫不松口。张素梅束手无策，走投无路。

张素梅也知道，处理婚姻问题应该听听父母等一些老年人的意见，因为他们经历多，可能会提出一些正确意见。但她母亲提出的这些意见都是错误的。她母亲认为，单国强是自己家的邻居，不能嫁给邻居。而张素梅则认为，正因为是邻居，对单国强了解得比较透彻，婚姻问题是个大问题，嫁给一个了解比较透彻的人，要比嫁给一个不了解的人安稳得多。

在他们家，母亲只要一有时间，就跟张素梅谈论这门婚事。她对张素梅说："说一千道一万，你是我亲女儿，而且我只有你这一个女儿，我不会同意你嫁给单国强。你如果跟他结婚，我就死给你看！我可不是吓唬你，我说到做到。”这话说得也太坚定、吓人了。

老母亲的态度如此坚决，张素梅再不敢跟单国强谈论结婚问题了，但她又不甘心就此与单国强断绝恋爱关系。有一次她对单国强说：“我们虽然都到了结婚年龄，登记结婚没问题，但我母亲反对，我们只好把结婚的事往后推一推。现在农村人都愿意到城里打工，挣点钱。咱俩也可以先到城里打工，一方面多点时间缓和一下我母亲的态度，另一方面我们挣一些钱，以便将来结婚用。”单国强同意，并对她说：“我们外出打工，这不是一天两天就能回来，临走时是不是应该跟双方父母如实说明情况？”

张素梅很任性，说：“你跟你的父母说不说我不管，但我不能跟他们说，我一说，我母亲肯定不能让我走。”单国强说：“你那边的事你自己处理，但要处理好，不要出问题。”张素梅说：“我知道。”随后他俩简单准备了一下就不告而别，离开家乡到沈阳打工。

事情不像他们想得那么简单。他们一男一女，又不是夫妻关系，到沈阳后，住宿和吃饭都成了问题，工作也不是那么好找。他们在沈阳逗留了20多天，把随身携带的钱花光了，买了一点物品，然后又回到家里。

再说张素梅的母亲，知道女儿跟单国强私奔了，不知去向，简直气疯了。在农村，出现这种事做父母的羞于见人。自己家的一个20多岁的大姑娘，怎么就能跟一个男人跑了呢？老太太想自杀，买来了一瓶农药，要服毒自尽，但又觉得不能在女儿不在家的时候自杀，即使死，也要在女儿在家的时候，让女儿知道自己是怎么死的，为什么要死？

这个时候张素梅回来了，她母亲跟她一见面，先是扇她两耳光，随后就号啕大哭，说："咱们张家怎么出了你这么一个人！给我们丢人现眼，把我们的脸面丢尽了。你还有脸回来，怎么不死在外边！我们这个日子没法过了，你不死我死。"说着又哭。

张素梅知道母亲脾气暴躁，又知道自己不辞而别，离家出走，这事儿做得有些不对，况且自己是晚辈，不能跟母亲吵闹，就任凭母亲发一番怒气，自己除了一再认错以外，就只好默默忍受。母亲虽然要死要活，但只是说说而已，并没有要自杀的迹象，张素梅也就没再提防。

第二天，张素梅到田地里干活儿，中午回来吃午饭时，知道家里发生了塌天大祸：这天上午，母亲拿一瓶农药，到单国强家一饮而尽，死在人家了。

老太太死了，亲戚朋友来送葬。既然出现了这种不幸，许多聪明人都默不作声。在人群里，也有智商不高的，有的说这老太太脾气暴躁、固执，不应该强硬干涉女儿的婚姻；也有的说张素梅太任性，不理智，老太太是被她气死的。大家七嘴八舌，议论纷纷。张素梅当时心里怎么想的，谁也说不清，她只是哭泣。

丧事处理完了，母亲没了，家里少了一个人，冷冷清清，十分凄凉。张素梅开始考虑她的婚姻问题应该怎样收场，今后的生活应该怎样安排。她寝食不安，夜不能寐，精神上受到折磨。

母亲去世后的第七天，这天是8月19日，张素梅到坟前去烧纸，撕心裂肺地哭了一阵，她头脑发昏了。她失去了母亲，也失去了理智，对恋人由爱变成了恨。她烧纸回来没回家，直接来到单国强家，不由分说，操起人家院子里的铁锹，进屋把人家的电视机、洗衣机、电冰箱、玻璃门窗和锅碗瓢盆砸了个稀巴烂，仍然余怒未消，因为还有衣服被褥没砸坏。她见人家地上有一桶蓝色和一桶白色的调和漆，竟然把这两桶油漆泼到人家的衣服、被褥上，给人家造成了巨大经济损失。

张素梅的恋爱，首先是她向单国强示爱，她是主动的；两个人到城里打工也是她首先提出来的，单国强已经提醒她应该跟父母说一声，但她对父母不辞而别，责任也不应该由单国强承担。不管从哪方面来说，单国强没有错误，单家是无辜的。单国强面对家里被砸，自己不想说什么，但村里不少主持正义的人看不下去，把这种情况反映到村委会，村委会又反映到乡派出所。张素梅当天就被抓走了。

辽宁省北镇市人民法院经过开庭审理，认定张素梅犯故意毁坏财物罪，判处她拘役四个月，并且刑事附带民事判决她赔偿单国强家的全部经济损失。

想想自己错，能够原谅他人过。

父母离婚

辽宁省北票市三宝街的杨新雨，10岁时父母离婚了。离婚时父亲要抚养他，母亲也要抚养他，法院就征求他本人意见。他平时跟爷爷奶奶在一起，舍不得离开爷爷奶奶，就说要跟爷爷奶奶生活。法院认为，这孩子10岁了，生活基本能够自理，再加上他爷爷奶奶也愿意并且有能力帮助抚养这孩子，就把杨新雨判归他父亲抚养。离婚判决书一下，他母亲只好收拾一些随身携带的东西，到广州谋生去了。母子一别，这个当妈的就再没回来。

“父母离婚，孩子是牺牲品”，这话被千百个孩子的悲惨命运所验证，千真万确，不容怀疑。杨新雨的命运再一次证明了这一点。

父母离婚后的杨新雨失去母爱，跟父亲和爷爷奶奶一起生活。后来父亲再婚，杨新雨舍不得爷爷奶奶，仍跟爷爷奶奶在一起。奶奶去世了，爷爷年龄也大了，父亲另有新家，母亲又离他远去，杨新雨失去了一个正常的家庭，成了不是孤儿的孤儿。

他渐渐开始逃学、弃学，最后流落街头。他先后流浪到沈阳、辽阳、鞍山、抚顺、本溪等地。本溪有个青年叫黄蛟，看杨新雨挺可怜，杨新雨每次来讨饭都给他吃的，还给一些零钱和衣物。吃惯嘴的杨新雨一有困难，就来找黄蛟，并亲切地跟他叫“黄哥”。在杨新雨眼里“黄哥”就是他的父母，是最亲近的人。

又有一天杨新雨来讨饭，黄蛟说：“我开个娱乐总汇缺少服务生，就是帮助打扫卫生。你要愿意干，就到我这儿来，在这吃、在这住，免得你没地方去，我一个月还给你开点零花钱。”杨新雨说：“黄哥，你这里缺少人，只要说一声，我肯定来，别提钱，给不给都行。”从此，他成了这里的服务生。

黄蛟以娱乐总汇招服务员为名，从沈阳鲁园劳务市场招来一些很有姿色的女青年，强迫她们在这里卖淫。女青年知道被骗上当后，想走，黄蛟告诉杨新雨：“看住，这些人都是我花钱招来的，别让她们跑了。”杨新雨唯命是从，就跟这些女青年吃在一起、住在一起，时时跟在她们屁股后面，天天看守她们。这些女青年一有逃跑迹象，他便拳打脚踢。他有老板黄蛟撑腰，还强奸了抓来的几个女青年。这些女青年在这里挨打受骂，忍受屈辱。有两个终于有了机会，从娱乐总汇的烟囱里爬出去，逃离虎口，一口气跑到辽宁省妇联报案，要求保护妇女权益。在省妇联的帮助联系下，她俩又向辽宁省公安厅报案，要求公安机关赶紧派人去解救那里的姐妹们。当天晚上，杨新雨和他的老板黄蛟等一伙儿都被公安人员抓获归案。

杨新雨被捕后过了两个月，在广州做生意的母亲这才知道儿子犯罪了。她觉得别人家的孩子在杨新雨这个年龄，有的读初中，有的上高中，还有的得到父母的帮助出国留学，而她的孩子，因为失去家庭的正常教育被捕入狱，成了犯罪分子。她做生意尽管挣了不少钱，但儿子没享受到，对儿子的处境她觉得自己有责任，对不起孩子，便扔下手中的生意，跑到辽宁，来到本溪，想看看在犯罪的泥坑里挣扎的儿子。无奈，法律有规定：未决犯，是不准家属会见的。

过了几天，辽宁省本溪市中级人民法院审理这起轰动本溪、震惊辽宁的黄蛟一伙强迫妇女卖淫大案。开庭时，16 岁的杨新雨站在法庭受审，他妈妈才看到离别多年儿子的瘦小身影。

经要求，开庭后，法院给她与儿子见面、说话 10 分钟时间。

在这 10 分钟里，她面对戴着手铐的儿子，就是一个劲儿地哭，哭得说不出话。有人做过统计，她没说上 5 句话。瘦小的杨新雨才 16 岁，呆呆地看着分别多年的陌生的母亲，他也没什么话对母亲说。此时的他，是痛恨，是责怪，还是想安慰母亲？人们只能揣测，谁也说不清。

现场有法警监视，不准他们母子拥抱、接触，这一母一子只是相对而哭长达 10 分钟，哭得旁听席上的人们万分悲切，有的甚至跟着流泪。人们没想到，在旁听席中竟有一位老者喊了一声：“把他妈判几年！”

案件经过辽宁省高级人民法院二审，16 岁的杨新雨被送进监狱，开始了 10 余年的狱中生活。

离婚，孩子是牺牲品。

走投无路

重庆市潼南县的农民廖红，女，27 岁。她丈夫韩俊生在辽宁省铁岭市驻军某部服役。春末夏初，廖红到丈夫所在部队陪丈夫度假。

对于她的到来，韩俊生当然高兴万分。部队的战士和首长知道了，都来看望、祝贺。廖红年轻漂亮，大家夸韩俊生命运好，有福气。夫妻相聚本来是件好事，可是廖红高兴不起来。战士和首长们离开这里，她竟然向丈夫哭诉："我这次与你相聚，也是与你告别。我不想活了。我在这个世上活着，一是影响了你，给你带来不好的名声；二是我活得耻辱，没有尊严。"

韩俊生莫名其妙，问其缘故，她只是哽咽不语。经反复追问，她说，他们村的村长知道她丈夫在部队服役，身边无人，不仅强奸了她，还对她纠缠不休，想霸占她。她摆脱不了，走投无路。这次到部队来，说是陪丈夫度假，实际是想在临死前向丈夫告别。

韩俊生闻听此言，怒气顿生，问廖红："你怎么不去告他呢？"廖红说："他是村长，上面有保护伞，下面有维护他的，我是小胳膊拧不过大腿，越告舆论越大，我就更受不了。我被他欺负，无路可走，不想活了。”

当天下午，韩俊生发现床头有一张字条，却不见了廖红。字条上写着这样几个字：“由于我的不幸给你添了烦恼。婚后你对我很好，我是知道的，我把我的一切都告诉你，在良心上得到了安宁，但在人间我没脸活了，只有一死，永别了。”

韩俊生看完，料到危险即将发生，打开房门就跑出去，四处寻找。当时外面正下着小雨，他来不及找雨衣，在雨中呼喊、乱跑。这时他想起他们驻军部队南边有一座小土山，那地方草木繁茂，十分偏僻，廖红能不能跑到那里？他赶紧往那里跑，果然看见了廖红披头散发，手握剪刀，继续往前走。他疾速跑过去把廖红抱住：“你干什么？你到哪里去？”

廖红不回答却放声大哭。韩俊生告诉她：“咱们可以坐下来好好研究研究对策，对这个事应该怎么处理。”

廖红说：“人家是村长，手里有权，我们斗不过他。你在部队好好工作，别管我了。”

韩俊生说：“他有权，我们有法，我就不信，难道法没有权大？”

韩俊生把她拽回来，回到房间对她说：“村长欺负你，也是欺负我，要死咱俩一起死。我的假期还有些日子，咱俩赶紧回去，找到那个村长，把他杀了，出了我们心中的怒气，那时我们一起死，到另一个世界里我们仍然是夫妻。”

他妻子哭得更加伤心，说：“这样做后果更加严重，不仅我不能活，你也活不成。还不如让我一个人先走，你照常工作。”

两个人一筹莫展，走投无路。如果回去报复村长，把他打伤了，既得赔偿人家的医疗费，还得蹲监狱；如果把他杀了，后果更惨，有可能被判处死刑。如果不报复他，这口气咽不下去。廖红解不了心头大恨，悲观厌世，极有可能寻短见。这两个人唉声叹气，相对无言。

部队首长知道韩俊生的媳妇到部队陪丈夫休假，发现这两个人情绪不对，就跟他们谈心。韩俊生说出了这件事。部队领导对韩俊生说："你不回去报复村长，这是对的，我们应该守法。对这件事，只有一条路可走，就是运用法律武器来维护自己的合法权益。如果感情用事，用不法手段来处理，就会在不幸之后遇到更大的不幸。聪明人是不能这么干的。"

对这件事部队首长十分重视，专门开会进行了研究，最后作出决定：部队派出两名对法律比较熟悉的人员，领着韩俊生和廖红，一起到重庆市潼南县，向当地司法机关讲明情况，要求追究那个村长破坏军婚的刑事责任。

法院经过开庭审理，在证据充分确凿的情况下，认定这名村长犯强奸罪，判处有期徒刑四年，将其送进监狱。

廖红和韩俊生受到法律保护，扬眉吐气。在部队和有关部门的协助下，廖红搬离了那个村，到他乡居住，开始了新生活。

遇事要寻求法律保护，感情用事将会一塌糊涂。

娶错了妻

俗话说，“男怕入错行，女怕嫁错郎”。其实，不仅仅是女人嫁错郎真要命，男人娶错媳妇也够倒霉的。

辽宁省抚顺市矿务局老虎台矿的工人徐效传娶错了老婆，把他弄到监狱里去了。他怎么犯罪了呢？对这个问题，他向法院供述：

我犯罪，不仅我没想到，凡是熟悉我的人都想不到。大家都知道我与世无争：别人骂我，我不还口；打我，我不还手；即使有人欺负我，我也躲着走，决不与其一争高下。生活中的名利是非，我都不在乎，所以，没人听到我吵过嘴，没人看见我打过架。可是我犯罪了，这就怪我媳妇。没有她，我不会走到这一步。

我跟郭秀英结婚，她不断惹是生非，给我找了不少麻烦。这个人也不傻，过日子还是把好手，就是胆子太大，无法无天，不管干什么，从来不计后果。这事儿是这么引起的：那天，她跟咱邻居张素清在街上闲逛，看见有算命的，就凑上去让人家给算命。算命先生说她能发大财，发财也容易生灾，只要带上金饰品，就能避邪。我爱人信了，当场给这个算命的10元钱，然后就把张素清领到我们家闲聊。无意中，她看见张素清戴的项链挺粗，就想起算命先生说她能发大财的事。她认为，如果把这个项链弄到手，戴在脖子上，既发了财，又能避邪。想到这儿，她立刻就拿一把锤子走到张素清身后，趁她不备，照人家头上就“哐，哐，哐”砸了许多下，把人打死，摘下项链，戴到自己脖子上。目的达到了，可是杀人犯法，面对张素清的尸体怎么处理，她束手无策。

晚上，我下班回家看见张素清满脸血迹的尸体，把我吓坏了。我爱人跟我如实讲了这事儿的发生经过，让我帮她把尸体转移到别处。我气得浑身发抖，说：“这是犯罪的事儿，我可不能帮，你自己处理吧。”说完，我连气带怕，骑车子就躲到我妈家去了。

她自己在家弄了一会儿没弄动，就骑自行车赶到我妈家，非让我回去不可。我不理她，她把我拽到我妈家西屋，插上门，跪在我面前哀求我：“这事儿我做错了，已经到了这一步，你不帮我处理，我怎么办？我也不能找别人来帮助。我们夫妻一场，你能忍心看着让我大难临头吗？你能忍心看着不管吗？现在天黑，你帮我把尸体运出去，公安局如果不破案，咱俩以后好好过日子；案子破了，一切由我担当。人也不是你杀的，你怕什么？”

我劝她去自首，她说：“如果自首，当初还干这事儿干啥？算命先生说我会发大财，不自首也不会出事儿，命里注定我会发财的。”她说的这些话，把我气炸肺了。我不理她，她就跪在地上直哭，拽也拽不起来。她跪了一小时，我看她可怜巴巴，我仍然不同意回去。这时我父亲看见了，以为我们夫妻闹别扭，为了不让父母担心，我实在没办法，跟她回家了。我父亲不知道我们发生了什么事儿，随后也赶来了，进屋看到这种情况，年过六十岁的老人竟然吓哭了，嘴角直哆嗦，半天说不出话。

我找块塑料布，把流着血的尸体头部包好，用绳捆住，又用一个大口袋，把尸体装进去。这时，我父亲递给我一根绳，我把口袋嘴扎上。我扛着这个口袋，趁夜深人静，把它扔到抚顺市万新街娱乐城东头的污水沟里。我扔完尸体回来，想把打人的锤子销毁，但我父亲已经把它扔了。就为这事儿，我和我父亲都被辽宁省抚顺市东洲区人民法院认定犯了包庇罪，判处了刑罚。

我承认我有罪，但我的犯罪，是被我爱人逼的，她跪在地上不起来，我实在无奈。

徐效传的妻子郭秀英犯了抢劫杀人罪，受到了法律的严厉制裁，但徐效传和他父亲因郭秀英的犯罪而犯罪，这个案件太发人深省了。

什么都可以帮，违法犯罪不能帮。
包庇犯罪，也是一种犯罪。

嫁错了郎

沈阳的贺艳嫁错了郎几乎家喻户晓。她自己被判刑不说，还使年迈的父母受到牵连，都进了监狱。她的婚姻问题太让父母操心。

贺艳十八九岁的时候就有人给她介绍对象，那时她年龄小，不上心，父母支持她。到了二十四五岁，她还是不上心，父母说："不是父母撵你离开这个家，哪有二十四五岁的大姑娘不着急找对象的？"

到了27岁那年，同学给介绍了一个挺好的小伙子叫杨斌，在辽宁省人民政府机关工作，也是27岁。媒人告诉杨斌："这姑娘溜光水滑，除了肚脐眼儿以外，浑身没有疤瘌疖子。别看是一般工人，配你这个大学生、国家干部，绝对配得上。你们见一面，相中相不中不要紧，去瞧瞧。你要能把她娶到手，保你一辈子幸福。"媒人对贺艳没说太多，因为媒人知道，只要小伙子没意见，这门婚事准成。

在媒人的劝拢下，杨斌一合计也对，不看白不看，看了不行也不要钱，看！就这样，在媒人的引荐下，贺艳与杨斌见面了。

贺艳果然漂亮，杨斌被她迷住了。贺艳把杨斌领回家，贺艳的父母也看中了他。这一切，都顺顺利利地向前发展，媒人放心了，等着吃喜糖吧！

许多事情都是这样，眼看就要成功了，不知怎的，突然就出了意外。一天，贺艳突然告诉杨斌："咱俩的恋爱关系到此结束。我们认识一回，以后可以当朋友来往。"杨斌问其故，贺艳说："我是工人，不想找国家干部；我没有文凭，不想找大学生；我性格好动，不想找文质彬彬的。"

小伙子不信，心想：我是大学生，是国家干部，这些在我们相见之前媒人已经告诉你了，你既然愿意和我见面，这绝不是终止恋爱的理由。再说，我也不文质彬彬。我是年轻人，也好动，在性格上我们没有大差别。杨斌尽管知道贺艳说的不是心里话，但既然人家要终止恋爱，也不能赖皮赖脸纠缠人家。挺大的男子汉，找不到媳妇了吗？

贺艳的父亲叫贺春义，是个退休干部；母亲叫崔玉芬，是退休工人。二老见贺艳和杨斌分手了，很惋惜，误认为是人家小伙子不同意，贺艳出于虚荣，才说是自己先提出不干的。不成就不成吧。

由于贺艳告诉过杨斌：我们恋爱关系终止，但可以像朋友一样来往。杨斌双休日闲着闹心，真的就到贺艳家来了，一是想知道贺艳是不是又找到比自己强的小伙子，二是想让贺春义老两口做做贺艳的工作，使他和贺艳能继续处下去。

他一去，贺艳父母这才知道确实是贺艳提的分手。这老两口就轮番向贺艳展开攻势，让她恢复与杨斌的恋爱关系。贺艳主意正，对父母的话如耳边风，充耳不闻。

过了四五个月，贺艳又处个男朋友，这个人叫吴生，40岁，比她大一轮，还带个10岁的男孩儿。吴生因为有班不上，经常旷工被单位除名，是个地地道道的无业游民。初中文化，长相一般，不知怎的，贺艳就像着了迷、入了邪，甩开杨斌，看好他了，父母怎么拆也拆不散。

杨斌依仗自己的文凭和较好的工作，也想借贺艳父母的力量挤他，但挤不动。贺艳指着杨斌向吴生介绍说："这是我以前处的男朋友，现在是同志了，我们常有来往。"吴生这时挺有礼貌，说："您好，请抽烟。"说着就递烟。没等杨斌接，贺艳又指着吴生告诉杨斌："这是我的男朋友，我们准备准备，过一两个月就要登记结婚了。"杨斌也不失礼，忙说："祝贺你们。"

杨斌看出挤不了吴生，又怕争风吃醋引起麻烦，不再来了。而贺艳的父母展开了更加疯狂的攻势，因为二老把大机关里的杨斌和无业的吴生比一比、掂一掂，觉得差别太大，简直是一个在天上，一个在地下，没法比。况且吴生比贺艳大12岁，又带个孩子，咱挺好的姑娘，怎么一下子把条件降到这种地步？咱怎么了？晚上家里没人，二老就轮番向贺艳发起攻势。

她父亲说："杨斌住大机关，铁饭碗，吃皇粮，有文化，有地位，名声也好听，咱是个工人，只有人家不同意，哪能咱先提出不干？吴生没有工作，你嫁给他，他还带个孩子，咱凭什么要给他填房！到人家那去当后妈，将来咱怎么向亲戚、邻居解释？”

贺艳早有思想准备，正想找机会做父母的工作呢。她说：“杨斌这个人不错，有文凭，工作好，但那张文凭说明不了什么。有文凭不一定都有水平，文凭不能当饭吃。没有文凭的也不一定都没有水平。当今那些腰缠万贯的百万富翁、千万富翁，不少是没有文凭的，有的甚至连阿拉伯数字都写得歪歪扭扭，但人家凭能力干，不靠文凭吃饭。别看吴生没有工作，但手里已经有了几十万了。杨斌凭工资十年八年也攒不到这个数。吴生有能力，会疏通关系，懂得靠交流信息挣大钱，再挣几十万也容易。他带个孩子是个好条件，我不愿生小孩儿，也不愿意带小孩儿，有了这个孩子总比没有强。”

她母亲说：“杨斌老实、本分，靠工资收入稳当，旱涝保收。吴生这个人靠拉关系、走后门，不是正道，不像正经过日子人。”

贺艳说：“妈，你们老年人都是用老眼光看当前，老实、本分，没有不挨欺负的。什么好事也临不到老实人头上，靠老实、守本分能发家啊？只要不犯法，用不着老实、本分。靠死工资、靠旱涝保收，哪年能挣 100 万、200 万？拉关系、走后门，不一定就不好。把事办成，把钱弄到手就行呗！不能说靠流汗挣钱就好，不流汗挣钱就不好。挣钱，有人靠力气，有人靠智慧。靠力气挣钱，流血流汗；靠智慧挣钱，坐着计算。靠力气挣的钱可以维持穿衣吃饭；靠智慧挣的钱成千上万，堆积如山……”

“得！得！别说了。”母亲常常是不让她讲完就打断她的话。老夫妻和她价值观不同，根本说不到一起去，双方都不服气。女儿顽固不化，不可救药，他们就转移主攻方向，往吴生身上用劲。吴生一来，老夫妻就不给好脸色，没有好言语。吴生脸皮厚，对二老的表情假装没看见，对他俩的话也像没听着。不给做饭，就自己动手。锅里有，盛到碗里就吃；锅里没有，自己动手做。贺艳给他当后盾，他有恃无恐。崔玉芬气坏了，夺下碗说："我家不是饭店，到饭店吃饭还得给钱呢！"

吴生嘿嘿冷笑，两眼盯着这个老太婆，恨不得一下子把她掐死。

吴生每次来，崔玉芬都撵他，并说："别再来了。"吴生说："贺艳让我来的。"说完头也不抬，腰板硬得很。

有一次贺艳在家，吴生又来了，崔玉芬撵他，他对贺艳说："怎么办？你妈又撵我了！"

"那你就先回去。"

"我抽支烟就走。"吴生说完，一屁股坐到沙发上，一支接一支地抽，吐了一屋子烟，弄了一地烟灰和烟头，把老夫妻气得发抖。

崔玉芬对吴生说："我的女儿说什么也不会嫁给你，你就死了这条心吧！"

吴生半天没说话，犹豫了好一会儿回了她一句："你女儿已经是我的人了，只是没领那个结婚证。"贺艳不作声，老太太气得吼起来："你给我滚！滚！滚！滚！"吴生坐得稳如泰山，纹丝不动。从那以后，吴生再来，老夫妻不给开门。

贺艳背后跟吴生说："我爸我妈想不通，以后咱俩结婚就好了。"

"我知道。"

他俩结婚了，老夫妻也没改变态度。本来贺艳是想往家招女婿的，这一来，他们只好住在吴生那个旧单间里。

吴生没有工作，一天到晚只是在街上闲逛。这走走，那看看，靠传递信息、帮人介绍工作、招揽生意挣好处费。再闲着没事就跟一些人打麻将赌钱。

也许事该如此，贺艳跟他结婚才一年多，吴生就把家里所有的积蓄全输光了，总数有好几十万。吴生的钱，来得容易，糟蹋了也毫不在意，贺艳却心疼。吴生说："有输就有赢，不会总输。我把这些钱弄没了，只要下功夫，很快就能再挣回来。"

话是这么说，钱哪能那么好挣。吴生原来那些钱是靠"守株待兔"碰上的，他再就挣不回来了。没有钱，就跟贺艳要。贺艳是个普通工人，工资不多，都给他了还怎么生活。吴生认为，贺艳出嫁时已经28岁，是个大姑娘，手里一定会有积蓄，就跟她要，贺艳不给。贺艳手里有六七万元，这是她参加工作以来多年积攒的，怎肯拿去给吴生瞎败败。一个硬要，一个不给，两人自然就发生了争执。

贺艳说："这些钱是我个人的财产。"

"什么个人财产，连你都是我的，你哪有个人财产？"

"我是我，你是你，我怎能成你的？"

"废话！你是我老婆，不是我的还能是全社会公用的啊！"

听了这种带有粗野辱骂式的语言，贺艳受不住了，跟不讲理的人讲理，讲不出道理，还气死人。贺艳不跟他争辩，也经不起他的纠缠，夹个衣服包回娘家了。一跑回娘家，就把战火引向娘家。

吴生到贺家，去跟贺艳讲理："既然咱俩已经登记结婚，是合法夫妻，就得共同生活，两人的财产归两人共有。我原来手里的钱你也花过，你的钱我怎么就不能花？"

贺艳说："你有正当用途我给你，你是买粮还是买菜？用来赌博不行！"

两人一吵，贺春义和崔玉芬老两口就气得脸发青，他们斥责吴生："挺大的男子汉，跟在老婆后边要钱花，算什么能耐！你给我滚！"吴生置若罔闻，根本不理。

老两口只好说贺艳："你们再吵，到别的地方吵，别到我们家来，让我们过点儿消停日子。"

从那以后，贺艳下班既不回自己的家，也不回父母家，不知躲哪儿去了。吴生见不到贺艳踪影，就跟贺家两位老人要人，说："你俩把贺艳藏哪儿去了？告诉你们，两天之内必须把贺艳交出来，如果不交，咱谁也别想活，我说到做到！"

老两口年老体弱，打，打不过；骂，骂不过；讲，讲不通。上天无路，入地无门，无路可走了，就到派出所报案。这样的事儿派出所怎么处理呢？负责这片治安的民警还真挺认真，立即找来吴生，批评了一通。吴生嘻嘻一笑，说："我来气了，在气头上说的话别当真。以后我改。"吴生走出派出所的门，直奔贺家，警告贺艳父母："你们还知道报告公安，真不嫌丢人，不把贺艳交出来，我叫你们全家死在这屋里。”吴生以死相威胁，两位老人又去报案。

贺艳这时决定离婚。有钱有物是夫妻，无钱无物两分离。贺艳当初要嫁给吴生，是因为他手里有几十万，现在的吴生是个穷光蛋，滚一边去吧！贺艳向法院递交了离婚起诉状。

吴生是个地痞、无赖，想离婚那么容易吗？他又到贺家，贺家不给开门。吴生站在门外喊：“离婚可以，现在不是还没离吗，贺艳现在还是我老婆，明天我来领人，我看你们敢不敢再藏她！”

两位老人坐不住了，又去派出所报案。然后找到贺艳，决定让她先到外地躲一躲，等派出所和人民法院处理完离婚事情以后再回来。

到哪儿躲呢？贺艳的老家在沈阳郊区的农村，在那里，贺艳有伯父、叔叔等众多的本家人。贺艳领父母星夜赶到伯父家，进了屋，贺艳实话实说。伯父说：“你们在这里住多长时间都行，我们有吃的，有住的。但你们有家不能归，这不是让人欺负了吗？吴生这小子看你们好欺负，我领两个儿子去，我问问他，国家还有没有王法？”

贺艳叔叔家的人也过来了，大家七嘴八舌，最后作出这样的决定：由贺艳领伯父家两个儿子和叔叔家两个儿子共计五人，一同到贺艳父母家，找吴生谈一谈。谈的内容是：在贺艳与吴生闹离婚这段时间，生活怎么安排。

贺艳的父母再三叮嘱：“你们五个人，我们老两口也回去，咱人多势众，吴生不敢欺负我们就行，千万别打起来。”

众口同声："明白！"这七个人第二天就回到了沈阳，上午九点半到的贺家。

再说吴生，妻子不在家，没人做饭，又没钱花，坐立不安，吃过早饭就到贺艳的工作单位去找贺艳。别人告诉他，贺艳没来。吴生又来到贺家，敲门，门不开，就用脚踢、用砖头砸，铁门上的铁皮留下了数不清的坑。砖头砸门的"哐哐"声惊动四邻，四邻纷纷开个门缝窥视，见不是窃贼而是贺家的女婿，有的劝说，有的掩门不理。不知吴生是怎么鼓捣的，终于把门打开，进了屋，屋里没人就坐到沙发上抽烟、生闷气。

正当他余怒未消时，贺艳他们七人也带着怒气回来了。两股怒气相碰，就像炸药遇到了火，后果是什么样这就不用说了。

贺家七个人进屋，随后关上了门。这八个人在屋内，是谁先开的口，谁先动的手，咱就不细说了，因为说也说不清，讲也讲不明，其状况可想而知。

四邻听到他们屋内叮当乱响，接着又传出"鬼哭狼嚎"的呼救声。大家知道屋里打起来了，就过来敲门。敲了老半天，贺春义把门开一条小细缝儿，说："不干你们事！"说完，又把门紧紧地关上了。屋内的打砸声仍然在继续，"噼里啪啦""喊里咔嚓"，声音不断传出。

邻居们火速跑到派出所报告，当民警赶来时，屋里的场面是：吴生躺在血泊中，脑浆子喷在墙上、地上、沙发上，屋内处处是血，活像个屠宰场。屋内站着三个人：一个是贺艳，另两个是贺艳的父母。崔玉芬见民警来了，说："我们正要投案。”

吴生怎么死的？谁打的？贺艳、崔玉芬、贺春义异口同声，说：是我们共同打死的。贺艳说，她用木方打的，主要是她打的；崔玉芬说，她用啤酒瓶子打的；贺春义说，吴生被打倒后，他踢了两脚。这三人都说，农村来的那四个小伙子，谁也没动手。他们是来帮助调解的，见调解不了，也解决不了问题，连坐也没坐转身就回去了，打斗是他们走后才发生的。

公安人员来到农村找到这四个小伙子，他们的说法与贺艳及其父母的说法如出一辙，就像录音机把录完的内容又重放一遍。公安人员怀疑这四个年轻小伙子可能动手了，但没有证据，司法机关办案，靠证据而不是靠怀疑。再了解四邻，大家都说，是谁把吴生打死的，确实没看见。

沈阳市中级人民法院以故意杀人罪判处了贺艳、崔玉芬、贺春义相应的刑罚。在这起案件中，三个被告人没有被判处死刑，因为吴生对此案的发生有明显过错。

吴生的父亲要求法院判处贺春义死刑，说他是主谋，吴生的所谓“过错”，是由他们编造的；还提出此案漏掉真凶。辽宁省人民检察院认为判轻了，也提出抗诉。辽宁省高级人民法院二审经过开庭审理，有派出所民警和邻居证实，对本案的发生，吴生确有明显过错；而认为贺春义是本案的主犯，认为漏掉真凶，应该怀疑，也确实值得怀疑，但法院判案靠证据，不能靠怀疑，二审维持原判。

贺艳被判的刑罚最重，但她不愁自己的刑罚，却想为父母开脱罪责。她感到，是自己没听父母的话，嫁错了郎，酿成大祸使全家入狱，实在对不起父母。她请求法院让她为吴生偿命，请求法院把她的父母放了。她的请求因为没有法律依据而没被法院采纳。贺艳和她的父母从此开始了狱中生活，家里锁上了门。

良人不理，非找地痞；
鸡犬不宁，全家入狱。

捉奸后果

辽宁省瓦房店市的闫春祥回家捉奸，把妻子逮了个正着，后果怎样了呢？我慢慢跟你说。

闫春祥的妻子夏雅芳下岗在家没工作，做完家务，常常是东家走，西家串，在闲得无聊的时候就与邻居们一起玩麻将。

梁家礼也是个下岗工人，他家与夏雅芳家都在同一条街，两家相距300米，算是邻居。两人在麻将桌上相遇、相识，时间一长，也说不清他俩是谁先主动的，竟然勾搭成奸。这种关系一旦确立，很难中断。愿意关心他人闲事儿的人发现后，就一传十，十传百，街谈巷议，闹得沸沸扬扬。

四年过去了，夏雅芳的丈夫闫春祥才从院门口食杂店的老太太那里知道这个事儿，他不信。但他也知道无风不起浪，他开始注意这种传言。他发现，夏雅芳与梁家礼的关系确实与一般人不一样。

下一步该怎么办？闫春祥认为有三条路可走：

一是不干涉。因为一干涉容易闹出麻烦来。但他又害怕事态继续发展，怕舆论越来越大，怕给家庭、孩子、自己带来不好影响，也怕影响家庭关系的稳定。

二是跟妻子谈，让她改邪归正；或者是自己背地里去找梁家礼谈谈，让他停止纠缠。但他又怕万一传言不准，自己反而被动难堪。

三是捉奸。他认为这条路可行，因为只有当场捉住，夏雅芳才会无话可说，梁家礼也会老实就范。对！就这么干。

闫春祥是工厂的电焊工，有活儿的时候挺忙，没活儿了也能抽出时间回家走一趟。他在工作时间曾经两次回家捉奸。第一次回来家中无人。第二次回来，妻子一人在家洗衣服。妻子问他："上班时间回来干啥？"闫春祥支支吾吾，好半天才编个谎说："开工具箱的钥匙落在家了，回来取钥匙。"

这么捉不行。有一天他对院门口食杂店那个老太太说："你看见梁家礼到我家来的时候，给我去个电话，我给你50元电话费。"

"我可不要你的电话费！"

"不要也给，说话算数。"

老太太嘴上说不要，但这50元对她来说挺诱人的，她认真记下了闫春祥的电话号码。

老太太在夏雅芳院门口开的食杂店，梁家礼一来，食杂店门口是必经之路，老太太准能看见。头几次她没管，后来，这老太太算是又生了闲心，看梁家礼来了，就拨通了闫春祥的电话。闫春祥一接电话，只听出四个字："是我，来了。"然后对方的电话就撂了。闫春祥听出是那个老太太的声音，他明白了，怕错过时间，连工作服都没换，骑上车子就赶紧往家跑。

当时是秋末冬初，人们穿的衣服也比较多。闫春祥噔噔噔地上楼，哗啦啦地开门，这些时间仍然不够屋里的人穿衣服用。闫春祥开门进屋，夏雅芳和梁家礼正在急三火四地穿衣服、提裤子。

三人面面相觑：两个人羞得面红耳赤，一个人气得脸色煞白。闫春祥二话不说，像一只猛虎一样，一下子就扑到梁家礼身上，对他连踢带打。梁家礼的衣服、裤子都没穿好，只好一边提裤子，一边挨打。他躲躲闪闪，等把衣服、裤子穿好了，已经退到厨房，他拿起一把菜刀就往闫春祥头上砍。这菜刀砍到闫春祥头上立刻血流如注，血淌满脸。你说闫春祥能老实挨砍吗，他拼命夺刀。梁家礼不是傻子，知道这刀要是让他抢去，自己就没命了。他俩一个拼命夺刀，另一个奋力猛砍，直到闫春祥不夺了，倒地不能动了，梁家礼这才住手。

此时的闫春祥哪里还像人样，简直就像刚从血缸里捞出来一个样。夏雅芳吓哆嗦了，她没想到会出这种事儿。梁家礼见闫春祥还喘气，就说："已经这样了，干脆杀了他得了。"夏雅芳此时吓得不会说话。梁家礼先切下闫春祥的头，连他的衣服也没给脱，随后就卸下他的四肢。

夏雅芳给找来一堆大大小小的塑料布、塑料袋和编织袋，就跟梁家礼两人蹲在地上，把尸块一包一包地包好，捆结实。晚上由梁家礼一包一包地扔出去。

闹出这种结果谁都没想到：梁家礼没想到自己会杀人；闫春祥没想到回家捉奸会送命；夏雅芳也没想到与他人通奸会家破人亡；通风报信的老太太呢，隐隐约约听到从闫春祥家里传出一些不正常的声音，一直不见闫春祥出来，料到是出了人命，她怕连累自己而默不作声。

时间过去了三天，梁家礼觉得风平浪静、平安无事了；夏雅芳受不住了，丈夫一连三天没上班，单位来人找他上班，她知道破案是迟早的事，为了避免被人怀疑，到公安机关报告说：丈夫闫春祥三天前失踪了。

此时的公安机关正在破案。因为有人发现在一个公共厕所的粪池里，有个外露人脚的化纤编织袋。公安人员把它捞上来，里边包的是穿着鞋、袜和裤子的两条男性人腿。从这两条腿上公安人员发现，鞋和裤子上有些不规则的蚀点，从而判断出死者很可能是电焊工。这两条腿经过粪水的浸泡，已经发生了变化，公安人员又判断，此尸块很可能是三天前被人扔进粪池的。在被害人的范围已经很小、很明显的时候，夏雅芳前来报案，声称自己的丈夫闫春祥三天前失踪，公安人员很快就确认：死者是闫春祥。

确定了死者，公安人员顺藤摸瓜，夏雅芳和梁家礼都被抓捕归案。梁家礼被认定犯了故意杀人罪，夏雅芳虽然没参与杀人，但她帮助包捆闫春祥的尸块，其行为构成包庇罪，二人均被法院判处了刑罚。

捉奸，是蠢人的蠢办法，
因为不管捉到与捉不到，后果都很糟糕。

女生失踪

失踪的女学生是辽宁省本溪市明山区高台镇中学一年二班的，叫郝静云。6 月 20 日这天早晨，早饭后她去上学，临走时母亲叮嘱她："放学了，早点儿回来。"

"放心吧，妈妈再见！"从此，她就再也没回来。

到放学该回家的时候她没回来，父母到亲戚家、朋友家、同学家寻找，漫山遍野找遍了，连个影子也没有。

6 天之后的中午，辽宁省本溪市明山区公安分局接到沈阳矿务局林业处派出所打来的电话，称上午 9 时许，铁路电务段工人在维修线路时，在沈阳至丹东铁路乙线 56 公里处西侧的山坡树丛中发现一具女尸，这个地方归本溪市明山区管辖。

接到报案就是命令。本溪市明山区公安分局立刻派出 10 名刑侦人员火速赶赴现场，本溪市公安局刑警大队也派出 5 名技术人员迅速到达，丹东铁路分局公安处和沈阳矿务局公安处的侦查人员，也陆续来到现场。一个联合侦破专案组立即成立。

经过现场勘查，死者的脖子上虽然被绳带缠绕，却是先被用双手掐死，再用死者的内裤带缠勒的。死者的身旁有一个书包，里面有中学一年级教科书，书的封皮上写着郝静云的名字。在通往现场的一条羊肠小道上，还发现一本书和一支钢笔。

刑侦人员经过现场勘查，确认这是一起强奸杀人案，死者正是6月20日失踪的郝静云。非常遗憾，现场留下痕迹极少，这给侦破工作带来了麻烦。从被害人的死态与现场的情况来看，与最近半年在这个地方发生的另一起强奸杀人案件很相似，很可能是同一人所为。

刑侦人员利用勘查到的资料，对这个罪犯进行画像：犯罪嫌疑人大约35岁，身高在1.7米左右，是个经常在铁路线上活动的人。刑侦人员发动群众，依靠群众，在案发现场一带广泛侦查。为了尽快破案，刑侦人员在这里挨门逐户地走访。夜里就在现场附近搭起帐篷。他们捡来了石头、砖头垒起一个炉灶，吃在这里，住在这里，大有不侦破案件决不撤兵的气势。群众对他们十分赞佩，不少人说："这些警察对老百姓心诚，不吃咱们的，不用咱们的，看样子还真能给咱老百姓除害。"

刑侦人员得到当地群众的信任，夜里在刑侦人员熟睡的时候，村民就蹑手蹑脚地把检举信从窗缝扔进帐篷，还有的把匿名信塞到警车的门缝里，在10多天里，刑侦人员竟然收到10多封检举信，而且目标非常集中，都集中到一个叫康庆丰的人身上。

康庆丰何许人也？是铁路工务段的巡道工。既然有很多群众举报说他是作案嫌疑人，刑侦人员便注意在这方面办事证据。这个时候，沈阳铁路局工程处的张科长到这里办事，看见了警察正在侦破这起案件，他向刑侦人员反映："6 月 20 日我正在这里，那天早晨我起床后，沿着铁路线散步，走到 56 公里处返回来时，迎面碰见一个中年男子，他像是铁路工人。我继续往前走，不一会儿就听到有个女孩子叫两声，我以为这个女孩子是喊着玩，也没在意。我现在还能记得我遇见的那个中年男子的模样。"

刑侦人员对他说："我们领你到工区去，看一看你那天碰见的那个人是否在那里。"他们一起来到工区，工区的巡道工都在，正准备上线路。张科长一眼就认出其中的一个，悄悄告诉刑侦人员："就是他，不会错。"这个人正是群众举报的康庆丰。

侦破方向集中，很快就搜集到一些证据，随后刑侦人员便给康庆丰戴上了手铐。

在审讯室里，康庆丰看到墙壁上"坦白从宽，抗拒从严"几个大字，浑身抖如筛糠。在证据面前他只承认杀害了郝静云，对于最近半年来这里发生的强奸杀人案件和其他的类似案件，拒不供认。由于侦破方向集中，刑侦人员很快又搜集到了一些证据，这个时候，他才供认了多起强奸杀人案。其中一起是 1 月 21 日，在新岭火车站南扳道房路基下一个少女遭到强奸杀害的案件，还有一起是在春季，他遇见了高台镇中学的一位女教师沿着铁路线走，便对其耍流氓猥亵，其供认情况与现场勘查和证人的证实相吻合。

康庆丰说，他以前是一个很本分的工人，后来因为在车站、路边看到了一些书籍、杂志，不仅封面有很裸露的女人图像，而且里面的男女恋情、婚外情、奸情等细节描写得淋漓尽致，比比皆是。后来他又看到电视剧里，有许多男女亲吻、拥抱的镜头，甚至还有许多肉麻的床戏镜头，这些使他想入非非，春心欲动。

他买了几本旧书、旧杂志和几个淫秽光盘，这里有许多貌似普法讲故事，其实内容邪恶刺激，使他偏离了做人的正确轨道。起初，他只是利用巡道的机会，遇上在铁路线边行走的女人就堵截、挑逗、耍流氓，后来又把目光转移到少女身上。他知道，高台镇中学有一些女生，常常沿着铁路线走近道去上学，他就开始注意她们。那天，他遇到了独自行走的郝静云，先是用胳膊搂她脖子，把她拖到山坡树丛中，实施强奸。郝静云呼救，康庆丰便将其掐死，奸尸后怕她不死，又拽出她的内裤带勒缠她的脖子。

康庆丰说："'开卷有益'这句老话流传至今，没人提过异议。但我觉得，开'卷'有益还是有害，要看这个'卷'是好还是坏。如果是一本坏书，那么就是开卷有害。我就是让这些淫秽作品引上邪道的。"

坏书与坏朋友一样，会把人引向邪路。

逼他离婚

3月20日早晨，辽宁省抚顺市望花区八纬路73岁的张中焕像往常一样，起床后到室外溜达。走到三宝屯沈抚公路道北时，发现离路边30米处有一堆白里透红的东西。出于好奇，他向这堆东西走去，突然，看见这堆东西里竟然有一只没穿袜子的人脚。他急忙找到正在路边值勤的交通民警老苏，两人迅速把这个情况报告给公安机关。

经过现场勘查，这是一堆被分解成六块的女性尸体，头被割去双耳，扒去脸皮，龇牙咧嘴，双目圆睁，其状恐怖，惨不忍睹。

毫无疑问，这是一起刑事案件，公安机关立刻开展了侦破工作。这是一具完整的尸体，被分解成六块。经过刑事技术人员鉴定，死者为女性，身高约1.56米，年龄在23岁左右，圆脸、肥胖，牙齿排列不整齐。在现场附近，只有吉普车轮胎的印迹，再没有任何有价值的破案线索。作案人怕留下蛛丝马迹，竟然没有留下包裹尸块的东西。

破案的第一步是查找尸源。经过调查，了解到沈阳一家电器厂一间独身宿舍里，住着女工吕莹和张艳两个人。3月

18 日晚上她俩出去买菜。张艳买了海白菜，回到宿舍后做了大米饭。吕莹因为感冒不愿吃饭，晚饭没吃，6 点多钟就睡觉了。晚上 10 点多钟她一觉醒来屋内没有了张艳，她就到另一个房间去问女工小王。小王说，张艳吃完晚饭 7 点多钟就出去了。

第二天早晨，吕莹到车间去上班，仍然没见到张艳，她还出于好心向车间主任给张艳请了假。到了下午，张艳仍然没回来，厂领导便派人四处查找，没找到。20 日，张艳的亲属来到厂里，说张艳也没回家。就在这时张艳的亲属看到了辽宁电视台播发的认尸启事，便来到辽宁省公安厅辨认尸体。第二天，刑侦人员在张艳的影集上提取到张艳的指纹，经过对尸体指纹对照，初步确认死者是张艳。由于死者的脸皮被扒掉，一时难以辨认，刑侦人员又对张艳进行了颅骨重合术，后来又发现死者胃内有大米饭和海白菜，最终确认，被肢解的女尸就是张艳。

找到了尸源，为破案工作拨开了一层迷雾。紧接着，刑侦人员在张艳床上的一本书里发现一张字条，上面写着一个电话号码和“孙建富”三个字。刑侦人员让吕莹拨通这个电话。这个电话是沈阳市皇姑区一个派出所的，接电话的是一位女同志，她说：“孙建富已经调到公安分局了。”她还告诉了孙建富的电话号码。吕莹又拨通这个电话，接电话的正是孙建富。吕莹问：“我是张艳同宿舍的同事，她在 18 日晚上走后一直没回来，你知道她去哪儿了吗？”对方先是停顿了一下，然后说：“我只跟她通过几次电话，没见过面。”说完，对方挂机了。

刑侦人员在整理张艳遗物时，发现一个信封，里面装着一张纸，上面写道:“建富哥，你好！也许你已经记不得我了，但我时刻不敢将您的帮助忘记。尤其是在我举目无亲、孤身在外时，能够遇到您，实在是一件很幸运的事……”

这封信与张艳被害有没有联系呢？刑侦人员根据本案的碎尸、剥面皮以及抛尸于荒野，怕暴露侦破线索又不留包装物的特点，认定凶手应该有高超的反侦查手段。而孙建富是公安人员，他作案的嫌疑上升。

在抛尸现场，留有吉普车的车印，刑侦人员来到沈抚公路东陵检查站，查询了3月19日过往的车辆，有一辆吉普车引起了刑警们的注意。这辆车是3月19日晚22时30分由抚顺返回沈阳的。经查车牌号，这辆车是当时孙建富所在派出所的。3月19日晚8时多，孙建富曾经借用过这辆车。对这辆车进行技术鉴定，发现该车的后轮与抛尸现场所留下的车轮痕迹完全吻合。紧接着，刑侦人员在该车的后备厢里又发现了与张艳血型相一致的血迹。据此，孙建富被拘留，随后被批准逮捕。

孙建富跟张艳是怎么联系上的呢？原来张艳家在农村，刚到沈阳时无处落脚，就到沈阳市皇姑区一个派出所，请民警帮助查找她在沈阳皇姑区的一位表姐家。当时，孙建富就是这个派出所的教导员，热情帮助她找到了她的表姐。为此张艳对孙建富十分感激，她正式上班后，便给孙建富写了一封感谢信。

在春节前，张艳给孙建富去电话，说要当面感谢他。在孙建富值班的一天晚上，张艳来到了他的办公室，两人谈得很投机。张艳说:“我的工作不理想，有机会你给我调动一下。”孙建富答应说:“这事得慢慢办，遇到机会有可能办成。”他俩在交谈中，张艳问:“你今年多大年龄？结婚没有？”孙建富支支吾吾，没明确回答。从此两个人开始处对象，恋爱关系是明确的，他俩经常出入影院和公园。

在恋爱中，张艳发现孙建富家中有妻子和女儿，就对他说:“你有老婆孩子还跟我谈恋爱，一是与你的身份不符，二是你也欺骗了我。你应该跟你妻子离婚，咱俩结婚。”

孙建富对是否离婚的问题回答不果断，这就给张艳留下了幻想的余地。3 月 18 日这天，孙建富妻子领孩子到她娘家去了，也就是在这天晚上，张艳来到了孙建富家。

两人发生了性关系之后，张艳再次提出要跟他结婚，这让孙建富很为难。孙建富跟许多出轨的男人一样，只是想跟张艳寻欢作乐，玩一玩而已，不想抛下自己的家庭，而且他想到自己年轻，对仕途充满了期望，因此他怕自己身败名裂，就提出要跟张艳分手。

那么容易吗？张艳根本不肯。张艳觉得自己把少女的贞操献给了孙建富，不能这么轻易分手，这样一来事情就不好处理了。双方都不让步，局势就会向意想不到的方向发展。

孙建富对她说:“我家住的是一楼，人多眼杂，虽然挡的窗帘，但让人听见了也不好，你快走吧。”张艳说:“这个事情得不到彻底解决，你欺骗了我，我不可能走。”

张艳错误地认为，你孙建富不是害怕我在这里吵闹吗，我越是声大，你就会被逼就范，就会答应离婚而跟我结婚。她哪里知道有“激人出祸”这种可能。

张艳无休止地吵闹，确实让孙建富十分害怕。孙建富认为，他被逼进了死胡同，无路可走，顿起杀机，认为凭自己的工作经验，只要不留痕迹，确保万无一失，即使把张艳杀了也不至于落入法网。这个侥幸心理在他脑海中一闪念，他竟然拿起家里的一把锤子，照张艳的头部猛力一击，将其击倒。怕她不死，又用绳子紧勒她的颈部，将其杀害。孙建富把尸体肢解成六块，到单位借来了吉普车，将这些尸块抛至荒野。

有人说，人犯罪，是因为不懂法。其实，不懂法而犯罪的确实有，但这只是极个别的，几乎 99% 的人犯罪不是因为不懂法，而是因为心存侥幸，认为只要行为隐蔽，不被发现，犯罪了也会逍遥法外。孙建富故意杀人就是一例。

沈阳市中级人民法院对这起案件经过开庭审理，认定孙建富犯故意杀人罪，依法对其判处了刑罚。

犯罪的人不是不懂法，
而是存在不落法网的侥幸心理。

妻子说谎

辽宁省抚顺煤矿的矿工付立欣，32 岁，他家有妻子和一个 8 岁的小女儿，生活平安幸福。然而，平静的生活有时会突然掀起狂涛巨浪。

刚过完春节，付立欣就突然遇到了不幸。他在井下作业时，遭遇塌方，砸伤了右腿，所幸保住了性命。在医院住院三个月，他扔了拐杖，不用别人搀扶也能走路了，而且没留下任何残疾，他心里有着说不出的高兴，这是不幸中的万幸。

尽管不用拐杖也能一瘸一拐、摇摇晃晃地走路，但仍然需要在医院继续治疗和养伤。这时他发现，自己年轻漂亮的妻子前些日子还一直在自己身旁，终日不离不弃，最近这几天怎么不来了？虽然自己可以扔下拐杖，能独立行走，但仍然行动不便，不能像正常人那样，不管是上厕所还是去打饭、吃饭，身边仍然需要有人照料。妻子不来了，他在想，什么原因呢？会不会跟自己的那个铁哥们儿周俊扯上了？因为在以前，他在家里曾经发现这两个人眉来眼去，眉目传情，而不是用言语说话。这似乎有一种说不清、道不明的关系，能不能是自己在住院期间，这两人趁机走到一块儿了？

他越想越是那么回事：一定是自己在住院期间，自己的那个铁哥们儿周俊钻了空子，占了他的便宜。想到这儿，他心乱如麻，坐不稳，立不牢，就在没办理出院手续、自己独立行动又不方便的时候，竟然离开医院回家，想看一看家里到底发生了什么事情。

付立欣突然回到家，妻子感到意外，惊愕地问："你怎么回来了？"付立欣说："想家了，回来看看。"妻子热情地为他烧水沏茶，他却不声不响地满屋寻个遍，没发现周俊的踪影。他觉得屋里有烟味，是不是有人在这屋里抽过烟？妻子不吸烟，家里没有抽烟的人，怎么会有烟味呢？他满地寻找，终于找到一个扔掉的烟蒂。奇怪呀，这屋里怎么会有烟蒂？他随便问了妻子一句："刚才谁来了吗？"妻子红着脸说："没人来啊！"付立欣不再追问，他趁妻子到厨房做饭之机，小声问 8 岁的小女儿："你周叔叔来了吗？"小女儿点点头，说："周叔叔来了，来帮妈妈干活儿，总是跟妈妈唠嗑，刚走。"

既然周俊来了，妻子为什么说没来？好事不怕人，怕人没好事，谎言的背后一定隐藏着不可见人的丑事。付立欣后悔自己回来晚了一步。他气势汹汹，一瘸一拐地来到厨房拿起菜刀，捏着从地上捡的这个烟头，恶狠狠地问妻子："地上的烟头是怎么回事，到底谁来了？你再骗我，我就剁了你！"

妻子知道他的驴脾气，见他怒目圆睁，暴跳如雷，吓得两腿发抖，不得不说实话。原来，在付立欣住院期间，周俊三天两头地来他家帮助干活儿，排忧解难。开始时两人只是开玩笑，打情骂俏，后来发展到动手动脚，终于在孩子上学不在家时，他俩就偷偷摸摸地干了不可告人的勾当。

付立欣见妻子吓得浑身发抖，可怜巴巴的样子，原谅了她，说："那好吧，看在我们多年夫妻的情分上，你今天又说了实话，我原谅你，但你必须得把周俊的媳妇叫到咱家来，我要一报还一报，谁也别欠谁的，谁也别占谁的便宜。"他妻子感到自己理亏，但又觉得这样做不妥，就默不作声。付立欣一边对她开导，一边对她威胁，妻子终于点头答应下来。

4 月 23 日这天上午，付立欣和妻子经过精心安排，周密策划，一场悲剧开始上演了：首先是由付立欣的妻子气喘吁吁地跑到周俊家，一本正经地对正在洗衣服的周俊妻子梁颖说："不好了，你家周俊跟别人打架受伤了，现在正在我家躺着呢，你快去看看吧……"

周俊妻子梁颖疑惑不解，问："他怎么能到你们家躺着呢？"付立欣妻子说："周俊跟别人打架，被人打伤了，因为那地方离我们家近，付立欣就把他背到咱家，让他喝点水，你去看一看，是不是需要上医院？"

梁颖说："怎么能出这种事呢？"她知道，周俊跟付立欣是好朋友，关系亲密，所以也就信以为真了。她放下手中正在洗的衣服，擦了擦手，急三火四跟着付立欣妻子跑到他们家。到那以后，梁颖不见丈夫，就问付立欣媳妇："周俊呢？他在哪儿？"她没回答，躲到门外去了。这时付立欣慢条斯理地说："我告诉你实话吧，前一段时间我的腿受伤了，住院治疗，你丈夫和我媳妇扯到一起去了，让我当场抓住，对这种事有三种处理方法：一是依法办理，让你丈夫去蹲监狱；二是你们家赔偿我三千元；三是咱们一报还一报，咱俩也得建立这种关系。我看，最后这种方法好，你们家不用拿钱，周俊也不用去蹲监狱。”

梁颖一听急了，气呼呼地说：“他的事我不管，与我不相关。要钱你找他，我没有。”

“他不愿蹲监狱，又不肯拿钱，再没别的办法，只好……”说着，付立欣就去搂梁颖。梁颖见势不好，急忙逃跑，一推门，怎么也推不开，她哪里知道，付立欣的妻子已经在外边把门插上了，她成了笼中鸟，插翅难飞。无奈，梁颖只好向付立欣苦苦哀求，说：“大哥，你不能这样……”付立欣严肃地说：“就许你家老爷们儿这么干，就不许我这么干吗！”说着连推带拽，硬是把梁颖强奸了。

梁颖受此污辱，一边哭一边骂离开了付立欣家，往哪儿走呢？她不想活了，觉得应该去投河、应该去卧轨，后来冷静一想，不行，这样不明不白地死，便宜了付立欣这两口子。如果让他们拿钱私了，也不行，出不了心中的这口恶气。她冷静考虑了一下，觉得被侵犯了，唯一的解决方法就是靠法律，让法律来保护自己。她没回家，直接来到公安机关报案，讲清自己被强奸的经过，并提供了证据。

付立欣和妻子两人双双被抓，关进了看守所。法院在审理这起案件时，付立欣神情沮丧，面无表情，对自己的犯罪事实无可辩解，但对他的铁哥们儿周俊逍遥法外不理解。他嘴里不停地念叨：“我是个大老粗，没文化，只知道被人欺负了就一报还一报。周俊把我老婆搞了，我也把他老婆搞了，我和他的性质都一样，都是破坏了人家的家庭、感情，我不知道我的行为是犯罪。司法机关只把我抓起来，挑起事端的那个周俊却逍遥法外，不把他抓起来判刑，我死不瞑目。”

法官告诉他：“法院审理的刑事案件，都是公诉案件和自诉案件，没有人向法院起诉，法院不主动审理。你说周俊把你妻子搞了，如果不是强奸行为不构成犯罪。违反道德要靠社会舆论来谴责；违反法律要依据《治安管理处罚法》来处罚，只有违反刑法构成犯罪了检察院才提起公诉，法院根据事实和法律来判刑。你跟周俊的妻子发生性行为，人家不同意，你采取暴力手段，这是强奸犯罪。你妻子在你强奸犯罪时起到了协助作用，是强奸罪的共犯，都必须受到法律制裁。”

听到法官的解释，付立欣无话可说，不再言语。

以暴制暴，害人害己。

嫉妒情敌

辽宁省盘锦市兴隆台区轻工派出所，在 4 月 22 日那天下午 1 点钟，有个青年跑来报案，他说发现了杀人案。

刑侦人员火速赶到现场进行勘查。死者是在自家被杀害的，尸体仍然在家中。尸体的颈部被毛巾勒紧，双手反绑，整个身体倒栽在卫生间的浴缸里，头部流出的血将浴缸中的水染红。地上，有一道从客厅到卫生间拖拉尸体留下的血迹。在厨房，一锅煮熟的虾爬子尚没食用。室内东西摆放有序，门窗完好无损。刑侦人员在屋内仔细勘查，在客厅门边的下部发现一枚血指纹。

刑侦人员根据现场门窗没有撬压痕迹等情况分析，应该是熟人作案；根据室内物品没被翻动的情况分析，应该不是图财害命。经过详细调查了解，查明了被害人身份，她叫薛洋，女性，24 岁，是辽宁省凌海市安屯乡的农民，后来到盘锦市兴隆台区租房子居住，曾经在几家酒店里当过服务员，她接触的人员相当复杂。

经过解剖尸体，根据胃内食物的消化情况判断：她是在 4 月 19 日晚上 6 点半至 7 点半之间死亡的，距离最后一次进餐是6小时。因此可以判定，她最后进餐的时间是4月19日中午12点半至下午1点半之间。那么，她是在哪儿，又是跟谁共进午餐的呢?

刑侦人员分成四组，广泛调查走访，最后有40余名人员列入了排查名单。他们一个一个筛查，有些是由于没有作案时间等原因被排除掉。在这些应该排查的名单里，有个叫李少林的引起了刑侦人员的注意，认为他作案的可能性很大。

经查，李少林，24岁，刚结婚不久，是出租车司机，与薛洋关系暧昧。打电话找他，找不到。他父母反映，这几天李少林不在家，不知去向；他爱人说，4月20日晚上，他收拾了几件衬衣，说是去洗澡，再就没回来。他驾驶的那辆出租车也没放在家里，而是寄存在一个朋友那儿。那位朋友回忆说:“4月20日那天，李少林来到我这儿，他说要到海南省去接车，让我经管他的车。”出远门只告诉朋友却不告诉家里人，这种反常现象使嫌疑上升。

此时此刻，刑侦人员对指纹的检索工作正在进行。李少林曾经因为犯盗窃罪被判过六个月拘役，从那时起，他的指纹就清清楚楚地留在了公安机关。经过技术比对，现场留下的那枚血指纹与他的指纹完全吻合，他有杀人的重要嫌疑。

可是，他在哪儿?他去海南是真是假?刑侦人员分兵多路，其中一部分在他家附近守候，另几路踏上追击的征途。为了防止打草惊蛇，也是为了使李少林主动上钩，刑侦人员对李少林的家人说:“头两天有两个小子乘李少林的车去了大连，这两个人把人打了，打得不轻，犯事了，我们想找李少林了解一下这件事。他要是回来了，让他主动找我们。”随后留下了电话号码。

5月2日深夜，李少林从外地潜回家。家里人告诉他："你那天拉的那两个小子把人打了，公安机关正在追查，让你去给提供一点儿情况。"

李少林潜逃在外多日，不知道家里这起案件是否被发现，他正要找机会打探，就觉得这是打探这起案件的好机会。第二天早晨一上班，他就给公安机关打电话。对方告诉他："麻烦你来一趟，我们正在了解一起打架的事，希望你能够提供帮助。"20分钟后，李少林主动找上门来。刑侦人员立即对其进行审讯。

公安人员明确告诉他："薛洋在家被杀，现场有你留下的血指纹。"这一下，他不得不交代杀人犯罪的事实。他说，去年夏天，他因为陪同来盘锦办事的几个朋友到酒店就餐，认识了当时在酒店里当服务员的薛洋，随后两个人互相留下对方的联系电话。从那以后，李少林约她到饭店里吃过饭，薛洋也约过他到家里来做客。薛洋家住在凌海市安屯乡，其父母都是农民。薛洋没结婚，到盘锦来打工，自己租了一处房子，一个人生活。李少林知道这一情况后，在薛洋休息的时候，或者是应薛洋之约，常常到她租的这间房子里来跟她闲聊、鬼混。

李少林对她说："天意难违，我刚刚结婚就认识了你，如果我没结婚时认识你，我们两个人有可能成为夫妻。"薛洋说："事情多变。结婚的人也可以离婚，有时你不想离，对方因为婚外有情人还会跟你离婚呢！"

李少林说："她不可能婚外有情人，不可能跟我离婚。"

薛洋说："打破婚姻关系的不一定都得离婚，有的遭遇车祸、病故等。咱俩要是有缘分，上帝会安排咱俩成为夫妻，即使不是名正言顺，婚外也可以另安小家。"

李少林问："你这是什么意思？"

"没什么意思。你听不懂还是明知故问？"

李少林说："我听明白了，从今以后，你这就是我的婚外之家，只要你不撵我，我就常来常往。"李少林虽然嘴里这么说，但心里在想：一个女人，有这样的认识太可怕。谢天谢地，我多亏没跟她成为夫妻，谁要把这样的女人娶来当老婆，谁能保证她婚后不走邪道！

李少林是个出租车司机，收入不固定，有时挣多了，就往薛洋这儿拿。4 月初的一天，薛洋对他说："我最近想回家一趟，手头资金紧张一点，你要没有困难，借给我一千元。"李少林说："我准备准备，过十天八天给你送来。什么借不借的，你将来也许是我老婆，我挣的钱全归你。"两人相视而笑。薛洋说："将来是将来，现在还不是你老婆，这一千元数额不大，用不上三个月我一定还给你，你放心好了。"

4 月 19 日那天晚上，李少林拉完顾客来到薛洋的住处给她送钱。薛洋住在三楼，李少林上到二楼，继续往上走，走到二楼与三楼之间的缓步台，听见"嘎吱"一声，走廊里的感应灯亮了，他清清楚楚地看见一个二三十岁的男子风风火火地从薛洋家急忙走出，然后把门"哐"的一声关上。这男子一边系衣服扣一边下楼，与李少林擦肩而过。李少林马上意识到：薛洋在家招野男人。因为从薛洋平素的言谈话语中可以了解到，她是个视性行为如儿戏的放荡女人。

李少林也是经常到这里来鬼混的，是搞婚外恋，这与嫖娼还不完全相同。嫖娼是嫖完付钱，一次一利索，谁也不欠谁的。搞婚外恋有感情的投入，有情感方面的联系。婚外恋的双方虽然不像夫妻那样，情感上有强烈的排他性，但有嫉妒情敌的心理。搞婚外恋，不希望对方跟许多人同时恋。李少林认为，你薛洋既然跟我搞婚外恋，就不应该再跟别人恋。如果同时跟多人搞婚外恋，既是欺骗了我，也是对我不负责任，很容易给我传染上性病。他怀着愤怒走到薛洋家门外敲门，“哐，哐，哐”声音异常。

门开了，李少林一进屋就冲着薛洋劈头盖脸地问：“刚才从你屋里走出一个男子，那是怎么回事！”

“我的同事，刚才在这坐了一会儿。”

“他怎么一边下楼一边系衣服扣？”

薛洋不再回答，而是说：“你是不是怀疑我跟他有事儿？我也不是你老婆，你能管得着我吗？”两个人不再说借钱的事，而是争吵起来。他俩都有气，毫不相让，越吵声越大。薛洋承受不了，因为她在这住，让左右邻居听到不好，首先上前捂他嘴，说：“你吵什么？”

李少林认为她开始动手了，也不示弱，两个人厮打起来。李少林拿起窗台上一个扳手，照她头上打了几下。薛洋昏迷倒地，怒气未消的李少林一不做，二不休，骑到已经倒地的薛洋身上将其掐死。怕她苏醒，李少林找来一条毛巾，勒住她的颈部和嘴。怕她苏醒过来解开这条毛巾，就找条绳子绑住她的双手，然后把她拖到卫生间，抱起来，把她倒插入卫生间浴缸里，然后往浴缸里放水，水漫过尸体的头部，认为她即使活过来也会被淹死。他杀人后立即潜逃，跑到黑龙江中俄边境想跑到俄罗斯去，但越境并不是像他想的那么简单。5 月 2 日夜潜回家中想打探案件的侦破情况，便落网了，等待他的是法律的严惩。

婚外恋，很危险，引起打斗、凶杀不新鲜。

留个电话

7月15日午夜，辽宁省凤城市泰瑞歌舞厅的女服务员唐颖下班回家。路上车少人稀，路灯放着微光，显得冷清。她跟往常一样，一个人顺着路边的人行道往家走。她家在这舞厅附近，不用乘公交车，也不用骑自行车。快到家时，走到楼房的拐角处，突然从身后闪出一个男青年，声音低沉地对她说："别动，一动就碰到刀了！"唐颖这才觉察到，一只握着匕首的手搭在她的左肩。

因为常走夜路，一直没遇到过险情、意外，她没害怕，但她停止了脚步。这个男子继续说："别害怕，别喊人，你只要把钱都拿出来，我不会要你的命。"

唐颖说："你用不着拿刀。你不就是要钱吗！钱是身外之物。我刚下夜班，身上也没带多少钱。可能只有一二百吧，全给你，权当是请朋友吃顿饭，咱交个朋友吧。"

拿刀的男子说："少来这套！我翻！"说着，他一手拿刀，另一手就翻兜。

唐颖知道，在这深更半夜行人稀少的时候，别说对方拿刀，即使赤手空拳也打不过他。这个男子翻完钱，不知道他还会干什么。唐颖认为，遇到这种情况只能斗智，要跑、要打都不是上策。这个男子翻完衣兜就翻她的小提兜，看见里面的手机要给拿走。

唐颖说：“这个手机太破旧，老式的，没人要。你拿去卖也没人买。再说里面有不少电话号码，这些东西对你来说一点儿用都没有，可是我没有了这些联系电话那可太麻烦了。我今天兜里没带多少钱，我明天带点儿钱请你吃饭！”

这男子翻到了钱，随后就起了淫心，要强奸她，说：“你少耍滑头！明天我上哪找你！走！你现在跟我走！你陪我一会儿！”

唐颖指着身旁的住宅楼说：“我到家了，如果我下班不按时进屋，父母就会马上迎出来。他们一参与，这事就麻烦了。我们交个朋友，你给我留个电话，我用电话找你。”

“我没傻到那种程度。”

唐颖说：“大哥，我没有男朋友，一个人生活也挺孤单的，你要能看得上我，我明天中午请你吃饭，算是交个朋友。”

“我是抢劫的，你能跟我交朋友吗？”

“怎么不能？你抢劫也就是闹着玩呗。你虽然拿刀，既没伤我，也没打我，我看你挺好的，咱俩今天相遇是缘分。不打不成交。你如果同意，咱俩交往的日子在后头呢！”

这男子不言语，但没马上离去。唐颖为了稳住他，想看清他的面孔，以便以后抓他，又跟他说：“我每天都是上晚班，白天在家无事。明天上午我约你看电影，然后请你吃午饭。下一次你请我看电影和吃饭。”

男子说话了："我上哪找你？"

唐颖说："明天上午 10 点钟，咱俩在凤城电影院门口见面。我下午 4 点去上班，上午有时间。"

"到时候再说吧！"他说完要走但没走，竟然恬不知耻地搂着唐颖在她脸上吻了两下。唐颖说："你明天去还是不去？我是不是得在电影院门口等你？"男子说："你 10 点钟在那等我吧，我如果有时间就去。"说完，他一步三回头地走了。

唐颖觉得自己胜利了，虽然损失了少量的钱，但人身并没受到伤害，还有可能抓住这个坏蛋。她把这个情况立即向公安机关报告，要求公安机关派人，第二天上午 10 点钟在凤城电影院门口实施抓捕。她与公安人员约定：第二天上午，这个男子如果真的能到电影院门口，她认清这个男子以后与其交谈，别弄错了，只要她与这个男子拉手、亲密拥抱，便衣民警便立即上前抓捕。

第二天上午 10 点钟，这个男子准时赴约，唐颖与他见面后先是攀谈。因为头一天两个人见面时，不仅光线不明，而且由于当时太紧张，这个男子究竟长什么样，唐颖实在没有百分之百的把握能判断准，她怕出差错，跟这个男子交谈几句后，确认无疑，便按照与公安人员的约定，拉上这个男子的手，接着搂住这个男子与其亲密拥抱。

这个男子享受着从来没有过的温暖与幸福。突然，从人群里冒出几个年轻小伙子，这个男子在莫名其妙中手腕上竟被铐上了一副锃亮的手铐。他像做梦一样，当他醒过来寻找他刚交上的这个女朋友时，找不到了，他这才如梦初醒，知道自己上当了。他被带到了公安机关，没什么可说的，只好低头认罪。

原来这个人叫温振东，是辽宁省凤城市煤气表厂的职工，有正式工作，有稳定的收入。他只是听别人说，女人既愚笨又胆小，偷女人的东西、抢她的钱，犹如探囊取物，非常容易。这还不说，有许多女人遇到了抢劫犯，她们往往是第一句话就说："只要不杀我，我把所有的钱都给你，你提出什么要求我都答应。"

温振东信以为真，他真的就认为女人个个胆小如鼠，愚笨如猪。那天，他就是在这种说法的影响下，第一次拿刀抢劫。当他听到唐颖说的"我把钱都给你"，就认为女人真的好欺负；当他听到唐颖要跟她交朋友，就认为女人都很愚笨，认为自己聪明，完全没考虑自己会斗不过她，第二天，他竟然按时赴约。他被抓起来之后才明白：哪有被抢劫的人还能心甘情愿跟抢劫犯交朋友呢！

温振东这一次虽然只抢到了 100 多元，但他在深夜拦路持械抢劫，情节严重。按照刑法规定，其行为构成抢劫罪，至于抢劫数额的多少，不是认定罪与非罪的标准，而是确定刑罚时所要考虑的情节。他被法院认定犯抢劫罪，判处了刑罚。

很多时候，与歹徒作斗争，
斗智要比斗勇效果好。

奸淫人妻

辽宁省本溪市平山区北台镇的农民高存志，34 岁，他跟妻子结婚后的第二年，有了一个胖儿子，他们夫妻二人感情一直很好，生活和睦、幸福。

后来高存志突然发现妻子有点儿变化。有一次妻子的手机响了，她看了看手机上显示的来电号码，竟然拿着手机快速离开自己，到很远的地方去跟对方说话。好事不怕人，怕人没好事。妻子接电话，从来没有这种情形，“有什么事情怕知道呢？”高存志开始怀疑。

高存志想，这里面一定有问题。妻子接完电话，高存志凑过去问：“谁来电话？”妻子很不自然，支支吾吾地说：“你不认识。”过了能有一分钟，妻子又接着说：“我的一个同学。”

听话要听话里话，听弦要听弦外音。既然是一个同学来电话，有什么可怕人的呢？为什么要拿着电话远离自己，到很远的地方跟对方窃窃私语？情况异常。从妻子的表情看，她在说谎。妻子为什么要说谎？这里面一定有不可告人的事情。从这天起，高存志开始注意妻子的一言一行。他怀疑妻子是不是移情别恋，是不是有越轨行为，难道她外面有了野男人？

高存志想问妻子，但这话怎样开口呢？如果人家没有婚外恋问题，事情就会很尴尬，自己也会很被动。但高存志的心里从这天开始不平静了。

有一天，高存志骑自行车上班后，由于单位停电，维修线路，这天不能正常工作，有的在单位打麻将、玩扑克，他就骑自行车回家了。到家后，不见妻子，看见6岁的儿子跟奶奶在一起。他问儿子：“你妈呢？”儿子说：“我妈说她出去一趟，刚走不长时间，她让我跟奶奶玩儿，她说她一会儿就回来。”

高存志骑着自行车就到外边去找，想看看妻子到哪儿去了。因为妻子的行为已经引起他的怀疑。

他离开家不远，看见妻子站在汽车站等车，这时来了一辆公交车，是开往石桥子镇的，他清楚地看见妻子上了这辆车，想喊她，但这辆公交车已经开走。妻子能到哪儿去呢？能去石桥子镇吗？石桥子镇离这里挺远，到那里能有什么事？

过了三个多小时妻子回来了，看见丈夫在家，就问丈夫：“你今天怎么没上班？”高存志说：“今天我们单位停电，不能正常工作，虽然不是放假，但不少工人都回家了。”妻子又问：“你回来多长时间了？”

“三个小时吧。”妻子立刻脸红，不再言语，对自己的行踪不做任何解释。高存志判断，妻子可能有见不得人的行为。由于自己没有确凿证据，虽然怒气在胸，但还是压住了心中怒火，对妻子不再追问。而妻子因为做了亏心事，只好低头老老实实干家务，不再言语。高存志更加判断：妻子的行为反常，一定发生了不可告人的事情。

高存志是个肚子里有话憋不住的人。有一天晚上睡觉前，他实在憋不住了，问妻子：“你那天乘公交车往石桥子镇方向干什么去了？”他这一问，妻子感到万分惊愕，就像被一颗炸弹炸了一样，半天哑语，过了一段时间才支支吾吾地说：“我同学的弟弟一直娶不上媳妇，我在石桥子镇有个熟人，他答应要给帮忙，我想让他给我同学的弟弟介绍对象。”

这纯粹是一派胡言。从妻子说话的表情、说话的内容来看，就连傻子也不会相信。高存志认为，夫妻两个人关系和睦，平时无话不说。就像这样的事，没有必要对丈夫守口如瓶，在正常情况下，唠闲嗑早就唠出来了。

从这天起，高存志发现妻子跟自己同床异梦，似乎被人夺走了魂魄，只是一个外壳跟自己在一起，不像妻子而像保姆。妻子的行动常常是偷偷摸摸、鬼鬼祟祟。高存志下定决心，一定要把石桥子镇这件事弄明白。

费了好大力气，高存志终于弄明白了一点点，就是石桥子镇有个四十来岁的男子叫齐德阳，跟自己的妻子有密切接触。他只知道了这么一点点，其他的一无所知，而且下了很大力气也扩大不了线索。

他又憋不住了，一天晚上睡觉前，跟妻子说：“你能不能跟石桥子镇的齐德阳关系断了，不再跟他来往，咱俩能不能像以前那样好好过日子？”

妻子异常惊讶，惶恐不安，不知道丈夫了解多少情况。“他怎么能知道石桥子镇的齐德阳？怎么还能叫出名来？怎么能知道我和他有来往？让我跟他断了关系，然后好好过日子，这是什么意思？我到底是应该说实话还是应该说谎话？”她不回答，因为她不知道丈夫都了解哪些情况。高存志也不再询问，因为询问多了容易暴露自己知道得太少。一个不语，另一个不言，两人都等对方继续说话。

妻子做贼心虚，熬不过丈夫，说：“我跟齐德阳早就断了，跟他仅仅有几回。”听到这儿，高存志气炸了肺，勉强压制住心中的怒火，静静地听妻子继续往下说。

两个人谁也不说话，过了好长一段时间，高存志问：“你们两个人在哪儿相见？在哪儿办事？”

“在他家只有一次，在他家附近的大公旅社有几回……”说到这儿，妻子觉得自己是不是有点儿傻，是不是被丈夫诈出话来了，后悔不已，就再也不说什么了。

这短短的几句话，高存志了解到很多信息，知道石桥子镇的齐德阳住在大公旅社附近，还知道他跟自己的妻子确实有不正当的两性关系。这一夜，高存志气得睡不着，他妻子吓得一夜没合眼。

怪不得妻子对自己说谎，有反常现象，原来她已经被齐德阳勾引。你齐德阳欺人太甚，你破坏我的家庭，我也不能让你的家庭好。高存志憋了一口气，决心要在适当的时候找齐德阳谈一谈，给他点儿颜色，要修理修理他，让他长点儿记性，让他知道我高存志不是那么好欺负的。

知道自己的配偶不忠，一般都不会充耳不闻、置之不理。不同的人，有不同的处理方法，也就有不同的后果。高存志性格暴躁，法制观念淡薄，有问题不是沟通、协商、依法解决，而是要用刀斧棍棒教训对方。所谓奸情出人命，一般就是发生在这些人身上。

石桥子镇离高存志家尽管挺远，但两地之间通公交车，乘上车也用不了多长时间。有一天，高存志休息，他乘车来到石桥子镇，找到大公旅社，然后在附近打听，好不容易打听到了齐德阳的家，想到他家跟齐德阳谈谈。但齐德阳家锁门，家里没人。他不甘心就这样回去，在附近等了一会儿，又打听邻居，谎称自己是齐德阳亲属。邻居说："齐德阳做买卖，经常外出。他不在家，他妻子就领两个孩子回娘家。今天他家锁了门，齐德阳今夜是肯定不能回来了。"高存志只好扫兴而归。

高存志没达到目的心不死。7月8日下午，他第三次来到这里时，齐德阳家里终于有人了，是两个小孩子，一个男孩儿、一个女孩儿。高存志问："这是齐德阳家吗？"小女孩儿说："我爸爸叫齐德阳。"

高存志又问："你爸爸上哪去了？"小女孩儿说："我爸跟我妈去看房子去了。"高存志问："看什么房子？"小女孩儿说："我们家要买房子。"

高存志指着她旁边的一个小男孩儿问："他是你们家的吗？"小女孩儿说："他是我小弟。我爸爸妈妈喜欢他，不喜欢我。"

高存志说："我是你爸爸的好朋友，我在这里等他一会儿。"两个孩子不理他，继续玩儿。高存志在这坐了一会儿，知道他家要买房子，气就不打一处来。认为你齐德阳把我们家害得好苦，你们却要买房子，改善居住条件。这时，一股夺妻之恨涌上心头，他疯狂了，把房门插上，开始对这两个孩子下毒手，要对齐德阳进行报复。

他拿起厨房的菜刀，首先把这个小男孩儿砍倒，紧接着又把小女孩儿摁倒在床，进行强奸。这个小女孩儿 13 岁，尽管挣扎反抗，但无济于事。高存志将其强奸后，又将其掐昏。怕她不死，看见屋里有一把镐头，就抢起来朝小女孩儿头上猛刨，直至把她刨死。这个小男孩儿后来被送到医院抢救，虽然脱离了生命危险，但被砍成重伤，终生残疾。

齐德阳奸淫人妻，殊不知自己一时的淫乐是建立在他人家庭破裂的基础上，是对他人的羞辱，点燃他人的仇恨烈火。齐德阳在奸淫他人妻子的时候，万万没想到会殃及自己的子女，使自己的家庭发生悲惨命案。

高存志强奸又杀人，罪不可恕，他被辽宁省本溪市中级人民法院判处了严厉的刑罚。齐德阳虽然侥幸没被高存志杀害，但不得不在耻辱与悔恨中度过后半生。

婚外恋情易惹祸，发展后果很难测。

淫妻杀夫

妻子家暴，丈夫被打，偶有耳闻。妻子将丈夫杀死，抛尸野外，则令人震惊。被辽宁省营口市中级人民法院判处死刑的赵丽书，就是杀死丈夫的女人。

这起案件是这样被发现的：

一天早晨，在辽南熊岳城火车站北的一个无人看守的铁路与公路交叉路口上，躺着一具男尸，满脸是黑色的血斑，尸体旁还有一个摔倒的自行车。死者是谁？尸体身上没有任何证件，没法认定，但人们从这辆自行车的车架号上，很快查到了自行车的主人，他叫苏广财，是附近农村的村民。经询问其妻赵丽书得知，苏广财昨天夜里骑自行车到外面办事，往返需要路过这个路口。经过对尸体头上的伤痕检验，铁路部门认定，他是被来往的列车撞死的。由于这个铁路与公路交叉路口无人看守，出了事，铁路部门有责任，因此，铁路部门让其家属将尸体掩埋，答应给家属一部分赔偿金。事情就这样处理完了。由于善后工作做得好，家属挺满意，各方都相安无事。

过了几天，一个晚上，当地派出所所长杨清江家里来了一个客人，她是杨清江的外甥女赵丽书。对于一向不登门的外甥女突然到来，杨清江感到吃惊，觉得她一定是有事儿而来，给她沏茶倒水，热情招待，随后就闲唠了几句，等她主动开口。

赵丽书见屋内没别人，就小声说："你是我亲舅舅，我有一件不光彩的事不想瞒你。你看看能不能帮我一下，给出个主意。"

杨清江说："你尽管说，只要我能帮上忙的，我尽力而为。"

赵丽书再次压低声音，小声说："前些日子铁路部门处理的交通路口列车撞死人的事件是这样的：死者是我丈夫，是我跟小叔子苏广成共同杀死的，为了伪造现场，我们才把他扔到铁路旁，造成了被列车撞死的假象。现在这件事已经处理完，你看看我就这样隐瞒下去能不能行？以后公安机关能不能把这件事再捡起来重新处理？"

杨清江怎么也没想到，他的外甥女儿能做出这样的事情来。他担任派出所所长多年，以其经验和觉悟，他不可能告诉赵丽书隐瞒或者潜逃，只能对她说："让我看，这是人命案，出了这么大的事，你能躲过今天，很难再躲过明天，就算是能躲过明天，也很难躲过永远。再说，你把人杀了也确实对不起死者，对不起死者的家人。你犯了这么大的罪，应该到公安机关自首。像这样的案件，你主动讲出来，是自首，按照法律规定，对自首的可以从轻处罚。你如果一直隐瞒下去，日后再被公安机关查出来，一定判处死刑。你这件事做得太不对了，但事已至此，不要再执迷不悟了，赶紧自首。”

赵丽书回家后，把家里简单收拾一下，包了一些衣服，第二天跟小叔子苏广成打个招呼说：“我去自首了，你自首不自首我就不管了。”说完，直奔派出所去自首。她知道，这一去就别想回来，法院最轻也得判她无期徒刑。

在派出所里，她如实供述了杀人犯罪经过：

两年前夏季的一天，她小叔子苏广成到她家里来，帮助她用柳树条编筐，因为到了秋季需要用筐装苹果。那天，她爱人苏广财不在家。两人编着编着，外边竟下起了雨，而且下起来不断。他们一男一女在屋内，一边干活儿一边毫无拘束地闲唠。先唠家庭，然后又唠到苏广成的婚姻问题上来。由于苏广成不仅没结婚，还没处女朋友，赵丽书就问他想选什么样的，并且答应要帮他的忙，说：“一个大小伙子，总找不到对象，不能结婚，性生活也处理不了。”苏广成也说：“别的都能将就，这方面的困难再怎么大，别人也没办法帮忙。”接着他又跟赵丽书说：“你可以帮我找对象，给我当媒人，这方面的困难实在没法帮助。即使你同意，我大哥也不能同意呀！”

赵丽书认为，苏广成是个没结婚的大小伙子，说出这样的话就是在暗示她，竟顺着话勾搭上了，说：“现在外边正下大雨，你大哥现在也不能冒雨回来，帮你一次也没什么。你如果不嫌弃我，咱就上炕。”

当时是夏季，两人穿的衣服都少，说上炕就上炕。就这样，他们发生了第一次性行为。有了第一次，以后的第二次、第三次双方都好开口。从这天起，两人就建立了通奸关系，以后就不断地在一起。时间长了，两个人就产生了感情，互相都离不开。

有一天，苏广成跟赵丽书闲唠，说："找对象结婚你以为那么容易啊，很难找到像你这样能说在一起、幸福在一起的。"赵丽书对他说的这句话又开始猜测，认为这是在向自己求婚。由于她经常跟苏广成在一起发生性行为，有了感情，就开始烦自己丈夫。觉得如果跟苏广成结婚，生活也一定能幸福。他俩你有来言，我有去语，都认为如果能结婚永远在一起，这将是很理想的。随后两人就开始琢磨，怎样才能如愿。

苏广成是个未婚的光棍儿，愿意跟谁结婚就结婚，只要不重婚就行。而赵丽书是个已婚者，如果再与他人结婚，必须先离婚。可是跟丈夫也不吵架，没什么矛盾，怎么好意思张口说离婚呢？如果不跟丈夫离婚，也就不能跟苏广成结婚，不可能永远跟苏广成生活在一起。往好里想，也只能是这样偷偷摸摸地猫洞来，狗洞去，不能正大光明。最后，是赵丽书首先提出谋害自己丈夫苏广财的，苏广成同意，然后两人就具体谋划杀人和对尸体的处理办法。

一天夜里，赵丽书见丈夫熟睡，悄悄下地开门，将藏在院子里的苏广成放进屋，两人一起动手，将熟睡的苏广财杀死，然后用棉被将尸体包好，捆住，放到自行车的后货架上，由苏广成推车，赵丽书在后边给扶着，两人将尸体推到熊岳城火车站北边的铁路与公路的交叉路口，观察四周无人，便把尸体和自行车扔到铁轨旁，然后把棉被带回家，卷一卷，装进一个麻袋里。他们打扫了室内现场，把带血的抹布、衣服等，统统装进另一个麻袋，把这两个麻袋放到赵丽书家西厢房内，把房门锁好。

发现苏广财被火车“撞死”以后，处理这起丧事时，赵丽书首先给她哥哥打电话，让他赶紧过来。她哥哥来了，她对哥哥说：“妹妹今天遇难了，你是我亲哥，只有你能帮我，我也只能求你来办这件事。你到我家西厢房里，把那两个麻袋用自行车推到后山上，看看四周没人的时候，在沟里把它烧了。你只能自己去，不带任何人；你只管烧，别看里面有什么东西，把这两个麻袋烧成灰，不留任何痕迹，然后你再回来；回来后，什么话也不要说，而且永远不要说。我的哥哥，我们什么话都不要说得太明朗。”

哥哥见妹妹那副可怜相，也听出了她的话中之话，不再追问，自己一个人到西厢房，把那两个麻袋用自行车推到后山。可是，他想起妹妹的再三叮嘱，觉得里边一定有重大问题，为什么不让看麻袋里是什么东西？他越是感到奇怪，越是要打开看一看。打开一看，把他吓得心惊肉跳，手脚哆嗦。里面竟是带血的棉被、衣服、抹布等。赵丽书的哥哥立刻明白了，妹夫哪里是被火车撞死的，明明是被妹妹杀死的，但他还是听从了妹妹的嘱托，将这两个麻袋烧成灰，看看没留任何痕迹，这才推自行车下山回到妹妹家。他趁别人不注意，对妹妹耳语了一句，“处理完了，放心”。

赵丽书的哥哥明白了苏广财是怎么死的，在操办丧事时，许多人也都对苏广财的死亡产生怀疑，特别是苏广财的父亲，丧子之痛并没使他头脑发昏，他在儿子家四处查看，怀疑儿子是被儿媳害死的。因为他知道，儿媳与他人关系不正常，他曾经告诉过儿子，要提高警惕。丧事处理完，这老头子就离开家乡，不知到哪儿上访去了。

也有人责怪派出所的所长杨清江，说他给赵丽书出了“馊主意”，是他把自己的外甥女送进了监狱，可是，要知道，正是因为这个“馊主意”才使他的外甥女赵丽书具备了自首情节。

赵丽书承认自己杀人了，但不能她说杀人就杀人了，必须要有证据。公安人员到赵丽书家里进行了现场勘验。赵丽书以为现场打扫得很干净，公安人员到那以后，很快就查到了大量证据。她家炕上铺的炕席，席缝里有许多血迹；她家墙壁上贴着年画，在年画的深色画面上，也查到了血迹；对这些血迹进行鉴定，与被害人苏广财的血型完全吻合。公安人员又询问了同案人苏广成，苏广成对杀人经过和移尸伪造现场供认不讳；公安人员又询问了赵丽书的哥哥，她哥哥也承认了帮助烧麻袋来毁灭证据的事实。

就在这个时候，由于死者苏广财父亲的上访，上级机关也发来信函，要求对此案进行复查。赵丽书的自首很及时，抢在了公安机关对这起案件的重新调查之前，使她具备了自首情节。

辽宁省高级人民法院在二审时，对赵丽书如何量刑争议很大。有的认为，赵丽书具备自首情节，对这一情节，一审法院是认定了的，只是认为她犯罪情节恶劣，才不予从轻。因为法律规定，对自首的可以从轻，而不是必须从轻。况且在一审法院宣判后，《营口日报》又发表了《车轮滚滚震幽灵》这篇文章，人们都知道赵丽书被判处了死刑，如果将她改判为死刑缓期二年执行，将会有许多群众不理解，因此提出了维持原判的意见。

另一种意见认为，法律对具有自首情节虽然规定为可以从轻处罚，但可不是可以从轻也可以不从轻，不能那样随意理解，只有具备特殊情况的才不予从轻判处。在本案中，对被害人的死亡，铁路部门已经承认是被火车撞死的，而且答应给予经济赔偿，事情已经处理完毕，在这种情况下，由于赵丽书的自首才引起了对此案的重新处理。对赵丽书从轻处理，是鼓励犯罪人自首，对公安机关的今后破案工作也有利。况且，人民法院对案件如何处理，不应该被媒体牵着鼻子走，应当以事实为根据，以法律为准绳。最后，辽宁省高级人民法院鉴于上诉人赵丽书具有自首情节，对其改判为死刑缓期二年执行，剥夺政治权利终身。

赵丽书在死亡边上被拽回来，是她舅舅的功劳。她舅舅为她指出：既然犯罪了，投案自首是唯一出路。

她的哥哥帮助销毁证据，已经构成犯罪，鉴于她哥哥在法院审理此案时已经因病死亡，不再追究其刑事责任。

既然犯罪了，投案自首是唯一出路。

走进舞厅

郭栋是沈阳市的一个普通工人，7 月 12 日这天他休息，到街上办事，途中遇雨，就躲到市文化宫门前的雨搭下避雨。把门收票的是他们厂退休工人老董。老董告诉他，里边有舞会，不用买票可以进去看一看。

郭栋走进舞厅，里边令人眼花缭乱，人群涌动。在昏暗的灯光下，那些男男女女个个都像吃了摇头丸，身子不停地摇，屁股不停地扭，脑袋不停地晃。郭栋站在一旁看热闹。人们开玩笑时说："跳舞就是脸贴脸、肚贴肚，五分钟迈一步。"郭栋到这一看，哪是那么回事儿！不是五分钟迈一步，一分钟能迈五十步！

这里一男一女拉着、搂着，在昏暗的灯光下跳。蹦蹦跳跳的人们脚步杂乱无章，没有规律。郭栋看了半天也没看出个子丑寅卯。这种舞步与广场上阳光下的集体舞根本不同。他正看得糊涂的时候，一个披头散发，穿着健美裤的女人走来，拉上他的手就往场里拽，边拽边说："大哥，咱跳一曲。"

郭栋心里怦怦直跳，忙说："我不会。"

"这没什么会不会的，我也不会，就是跟着乐曲走，步步踩点儿就行。”

郭栋实在不会。下场走了一分钟，手忙脚乱冒了一身汗。这个散发女郎边跳边跟他唠：

“大哥贵姓？”

“免贵姓郭。”

“呀！咱俩一家子，我也姓郭。您叫什么名字？”

没有经验的郭栋竟然实话实说。女的说：“我叫郭梅。你多大年纪了？”

“41了。”

这女人突然想起了什么，又问：“你名字叫郭栋，这个栋字，是不是栋梁的栋？”

“是。”

“哎呀，太好了，你的栋字带木字旁，我的梅字也带木字旁，我比你小5岁，咱俩是一家子，我是你妹妹，咱俩处‘铁子’吧。”

郭栋毫无思想准备，顺口答应了：“行，行！”

郭栋明白，所谓处“铁子”，就是交异性朋友，寻找性伴侣。说得再明白一点儿、露骨一点儿，就是男人为了性，女人为了钱，别无可言。他俩互相留了电话，介绍了各自的情况。从这天起，他俩常有电话联系，有时也到文化宫来跳舞。郭栋认为，重婚、纳妾犯法，交个异性朋友啥问题也不是。他在心里就把郭梅当成自己的第二个妻子。

郭栋是个普通工人，收入有限，比较惜财。

郭梅“不见兔子不撒鹰”。郭栋提出要发生性关系，她心想：“不拿钱就别想占便宜。”时间长了，郭梅光陪跳舞得不到钱，长久垂钓，鱼就是不上钩，她觉得吃亏了，就来另一种战术，即先把他“黏上”，和他发生一次性行为以后就编个理由跟他“借”钱。

“大哥，我想买件裘皮大衣，借给我五千元呗！”

郭栋明白，这是刘备借荆州，有借无还。就说：“别说借五千，就是借五百，我上哪儿弄啊！我家的钱都在我爱人手里，总计有没有五千元还说不清呢！”

“你跟我处‘铁子’，别说是借，就是跟你要，你也不是弄不到。”

谁说过的一句俗语：“要想一天不舒服，那就是早晨喝点儿酒，迷迷糊糊过一天；要想下半辈子不舒服，那就处个‘铁子’，争争吵吵过半生。”郭栋处个“铁子”，争争吵吵的日子终于来了。他和郭梅之间从借钱开始，就出现了争不完、辩不清的是是非非。

郭梅认为，我陪你郭栋跳过几次舞，又有了一次性行为，即使没弄到五千，也得弄五百。得不到钱，我这不是让你给耍了、骗了吗？一种被耍、被骗的心理使她一连几次约会郭栋出来跳舞，想跟他理论理论。可是，自从郭梅提出借钱的事儿以后，郭栋再也不来了，躲得远远的。

躲能躲得了吗？郭栋把问题想简单了。像郭梅这种人，“黑道”“白道”“灰道”都能走。郭梅开始给郭栋所在的单位、家里打电话，公开声称她是郭栋的“铁子”。郭梅第一次往郭栋家打电话，是郭栋爱人接的。

“喂，咱‘铁子’在家不？让他接电话，我想他了。”

“你要哪儿？你打错了。”

"没错！这不是郭栋家吗？我找郭栋，我是郭栋的'铁子'。"

郭栋妻子听得真真切切，气得半天没说出话，她放下电话就向丈夫问个究竟。

这样的电话还往郭栋单位打过几次。这一下子把郭栋平静的生活打乱了。除了他妻子、孩子责怪他以外，郭栋还发现，单位的同志也不像以前那样热情待他了。

郭梅穷搅和，她有她的理由：你郭栋既然答应跟我处"铁子"，又跟我跳了好几次舞，还被你玩了一次，凭什么一毛不拔？舍不得钱财处什么"铁子"呢？既然是"铁子"，你就欠我钱，不给不行！

郭栋也有满肚子气。他认为：处"铁子"是你郭梅先提出的，我答应了不假，但我没答应要给你多少钱。我是个普通工人，我也没瞎吹我是高官巨富，我并没骗你。再说，只是在一起跳了几次舞，只有一次性行为，这值五千元吗！

一次，郭梅又把电话打到郭栋家，跟他借钱。他俩在电话里吵起来。郭栋说："你别忘了，国家还有法律呢！"

郭梅不示弱，说："你也别忘了，像我们这号人，你以为个个都是遵纪守法的本分人吗？你就是告到法院，只要不判我死刑，我出来还是饶不了你！"

郭栋扔下电话骂她一句："臭鳖犊子，不整死你，你是不能让我消停。"

他俩吵架，郭栋的妻子、孩子都听到了。这也好，从这以后，家里人不再责怪他，倒是和他站在一起想办法对付郭梅，只是想不出好办法。在郭梅闹得厉害的时候，郭栋妻子怕郭栋被逼无奈，真的要去整死郭梅，怕把事儿闹大，为了过个安宁日子就拿出五千元，递给郭栋，说：“你以后别在外面胡扯乱拉，你给她五千元，破财免灾，花钱买个教训吧。”

看来这钱不给是不行了。不给，这电话就总往家里和单位打。郭梅死不要脸。郭栋被逼无奈，决定把这五千元给郭梅，在交钱之前，他对郭梅说：“收钱得写个收条。”郭梅得意地一笑，说：“写呗，这算多大点儿事儿！”真的写了。收条是这么写的：“今收到郭栋给的五千元，以后不再纠缠。”

对于郭栋这样一个普通家庭来说，五千元虽然不是天文数字，但这个数目也不算小。郭栋是不情愿拿出的，是被逼无奈、被勒索去的。他心理不平衡，感到被郭梅欺负了。为了这笔钱，妻子一不顺心就唠叨，郭栋自己也感觉自己太窝囊。

这笔钱既然给了人家也不能往回要。有一天，郭梅又给郭栋来电话，约他，并说：“你今天没有时间，我找时间再给你打电话。”这可把郭栋气坏了，郭栋认为她还没完没了了，又来勒索钱财。这一次郭栋没去，没理她，气得晚上睡不着觉，左思右想，忽然想起了应当到公安机关去告她。第二天，郭栋拿着郭梅写的收条，到派出所控告郭梅的敲诈勒索行为。

有人控告，司法机关不能不理。经过侦查事情属实，检察院提起公诉后，法院进行开庭审理，就凭这张收条，不仅追回郭梅非法所得的五千元，还根据《刑法》第二百七十四条规定，结合本案具体情况，认定郭梅犯了敲诈勒索罪，判处她拘役 6 个月。

法院开庭那天，郭栋作为证人到庭作证。法庭作出判决，宣判后，郭梅竟当庭对郭栋说："我只是打电话约会你，你不同意就拉倒呗，还敢来告我！我感谢法院没判我死刑，半年后我出来还陪你跳舞。咱俩的'铁子'关系断不了，我跟你没完！"

她说这话的时候，尽管遭到法庭制止，但她还是把这些话说完了。郭栋吓得面如土色，双目不敢与郭梅对视。他体验到，"铁子"贴上就不容易抖落掉，处"铁子"就是自找麻烦。

一时贪欢，终生纠缠，
洁身自好，家最安全。

姘居尽头

2 月 28 日上午 9 点钟左右，辽宁省盘锦市兴隆台区渤海乡一处民房被大火吞噬，烈焰冲天，浓烟滚滚。

多辆消防车呼啸而至，消防战士迅速投入灭火战斗，很快就把大火扑灭。然而，公安、消防干警在清理火灾现场时，发现了一个令人震惊的情况：在大火烧过后的废墟中，竟然显露出一具被烧得身长只有 1 米多长的女尸，这尸体蜷曲，其状恐怖，令人毛骨悚然。经过辨认，这具女尸就是失火民宅的主人，28 岁的青年妇女巩晶。

在火灾现场发现了死尸，职业的敏感性驱使公安干警对这个情况充分重视，他们要对死者的真正死因查个水落石出。这到底是因为发生火灾把人烧死了呢，还是因为杀人后，要焚尸灭迹、销毁证据而故意放火？

刑侦人员首先对火灾现场进行了周密、细致的勘查，随后又对尸体进行解剖检验。尸体的体表虽然已经被烧得面目全非，但是，其肺内没有灰烬，这一点说明，死者在发生火灾时已经停止了呼吸，已经死亡。刑侦人员据此判断，这不是一起普通的火灾，而是一起凶杀案，是犯罪分子为了销毁现场证据、焚尸灭迹而故意放的火。

凶手是谁？他在哪里？刑侦人员立即展开了广泛的调查。首先在死者的亲属和周围群众中进行调查。根据群众反映和种种线索，公安机关很快就把具有重大作案嫌疑的石清源抓获。经审讯，他作出了详细供述。事情是这样的：

六年前，石清源是辽宁省北镇市的一个普通农民，以种地维持生活，后来经人帮助，来到盘锦市办起一个饭店。开始时，经营惨淡，仅仅能维持自己生活。经过一段经营，有了经验，后来这个饭店日渐红火，挣了一些钱，他成了腰缠万贯的富翁。俗话说，“饱暖思淫欲，饥寒起盗心”，他有钱了，就想入非非，产生了一个要在家外安家，要寻找女人进行姘居的念头。

到哪里去找呢？说也凑巧，就在他这个饭店招聘的服务员中，有个刚离异的年轻女子巩晶，他就在这个女人身上打主意。

巩晶是这个饭店的普通服务员，收入微薄，自然满足不了她对物质享受的过分追求，于是，便被石清源的金钱所诱惑，成了他的姘头。既然是姘头、是性伴侣，石清源就源源不断地向她提供钱财，而巩晶则对他百依百顺，满足他的淫欲。石清源误以为两个人关系十分融洽，这种关系一定会永远地稳固下去，就给她买房子，买家具、电器，使这个离异青年女子有了一个很不错的家，石清源也认为这里是自己的第二个家。他常常到这里来，就像到自己的家一样。周围群众心知肚明。巩晶住新房子，穿金戴银，珠光宝气，人们自然就会明白这些钱都来自于石清源之手。

世间万物都有一个产生、发展直至消亡的过程，石清源与巩晶的姘居关系也不例外。两人姘居四年，石清源接近60岁，而巩晶还不到30岁，他俩相差30岁。石清源家里有妻子和孩子，巩晶想到，跟他姘居不是长久之计，于是就暗中物色与自己年纪相仿的新人。

时间长了，石清源有所发觉，也察觉到巩晶渐渐地冷淡他，这使他大为恼火，十分不满。据群众反映，在发案前的一段时间里，这两人一见面就争吵不休，几乎到了反目成仇的地步。

姘居的两个人发生了争执，就各讲各的理。石清源对她说："既然咱俩已经有了这种关系，你就不应该再跟别人胡扯。"巩晶则辩解说："咱俩这种关系是不是胡扯？你年纪这么大，我是不是应该有一个名正言顺的丈夫？"

石清源说："我虽然没有跟你登记结婚，但实际上就是你的丈夫。我给你多少钱难道你不知道吗？"

巩晶说："我承认你给了我不少钱，在生活上对我有所帮助，正因为这样，我也满足了你的要求。否则，你能够在我这里为所欲为，把这里当成自己的家吗？"

两个人公说公有理，婆说婆有理，都是站在自己的角度说话，都认为自己说得对，对方蛮不讲理，对方是狼心狗肺、白眼狼。他俩谁也说服不了谁。

姘居关系发生了纠纷，谁是谁非说不清，又没办法向其他人讲述，不能由别人来调解，更不能到法院去告状打官司，于是脓包越来越大，矛盾越来越尖锐。

2月27日这天晚上，石清源像个幽灵，又来到巩晶家，想跟她言归于好，重温旧情，但巩晶要找一个名正言顺的丈夫决心已定。石清源认为，如果这样，他跟巩晶的姘居关系就到了尽头。

他想到自己投入得太多，而这些钱又拿不回来，觉得自己吃亏了，跟她吵了一阵之后，觉得也实在没办法，只好任凭这种姘居关系信马由缰地向前发展。如果实在不能维持，也就只好中断。争吵完，他要跟巩晶发生性行为。巩晶刚跟他吵完，没有这个兴趣，不同意，这使石清源恼羞成怒。两个人又吵，随后就厮打在一起。在厮打中，石清源顿生杀人恶念，将巩晶扑倒在地，用双手掐她脖子，直至其窒息死亡。

巩晶死了，石清源心中的怒气也出了，这时他才觉得自己闯下了大祸。为了破坏现场，不留痕迹，他决定焚尸灭迹。他把巩晶的尸体抱到床上，用被褥等物品盖好，将其点燃，伪造成火灾事故。火势一起，他立刻逃离现场。

巩晶被杀死，石清源被判刑，两个人用血的事实告诉人们：姘居的尽头是灾祸。然而，谁能说清楚在这起案件之后，类似的案件不再发生！

姘居的起点是道德沦丧，
终点是法律制裁。

奸情败露

辽宁省沈阳市中级人民法院认定周川犯故意杀人罪，判处无期徒刑。周川上诉，其理由是：“我虽然不懂法，但我认为，别人用匕首扎被害人胳膊、腿，把人扎死了，定故意伤害罪；我用菜刀只是砍别人手指却给我定故意杀人罪，我不服。我犯的也是故意伤害罪，应当按照故意伤害罪处罚。请求辽宁省高级人民法院改判我为有期徒刑。”

在二审的法庭上，他供述说：

我和藤素芝结婚后，感情很好，但她经常与她以前的恋人沙海全来往，我不能容忍。我还记得，那天是6月6日，我受公司指派，到营口鲅鱼圈与一个厂家联系业务，主要是找那个厂的生产科长。不料去了之后，才知生产科长去广州了，一个星期以后才能回来。业务谈不上，我就决定当天返回沈阳。临回来时，在海边买了10斤虾爬子，到家时已是夜里11点半。

我用钥匙开门，怎么也打不开，拧了足有5分钟。我的感觉是暗锁打开了，但门是从里边用插销插的。我只好敲门，喊我爱人藤素芝开门。喊了5分钟左右，藤素芝才把门打开。我进屋责怪她："怎么睡这么死，我敲半天门了。"她没吱声。

由于我拎回10斤虾爬子，时间太晚当夜又不能吃，怕坏了，就打开冰箱想放进去，太多，放不下，我就想放到阳台上，我爱人不让。

我说："不放到阳台，冰箱里也放不下。再说，放在屋里也有腥味。"我爱人还是不让放。我让她找地方，她也找不到适当的地方，让我放到盆里。我把虾爬子放到盆里，盆也得放在阳台上，因为虾爬子容易坏。我以为我爱人是睡糊涂了，我推开她，把厨房门打开，随后来到阳台。

我家的厨房连着阳台，阳台没封，三面敞口。这盆往哪儿放呢？如果放在地上，阳台的四面不通风，也容易坏，我就想把虾爬子盆放到阳台栏墙上。这时我突然发现栏墙上有两只手，把我吓一跳。这两只手把住阳台的栏墙。我从上边探头往下看，下面有个人，我以为是窃贼想进屋行窃，定睛一看，这个人是我爱人藤素芝以前的恋人沙海全。因为厨房的灯亮着，灯光透过厨房的玻璃，把阳台照得很亮。我看得十分清楚，我说："你干什么？"

沙海全说："你让我上去，我把这情况好好跟你说一说。"

这时我才明白，我为什么打不开房门，藤素芝为什么不及时给我开门，她又为什么不让我往阳台放虾爬子。就在我和藤素芝说要往阳台上放虾爬子时，躲在阳台上的沙海全再没地方藏了，这才两手把住阳台的栏墙，把身子顺到外边，他以为这样就不会被我发现。

我把装虾爬子的盆放在阳台上，进屋问藤素芝："沙海全到咱家干什么？”藤素芝无话可说。我从厨房菜板上拿起菜刀，往沙海全的手上只砍一下，我准备砍第二下时沙海全从六楼掉下去了。

咱这楼刚竣工，楼下还堆些跳板、铁管、铁架子。沙海全掉到上边，当时没死，第二天下午死在医院里了。

为了核实案情，我们找到藤素芝了解有关情况。藤素芝说："我爱人周川去营口鲅鱼圈跑业务，在正常情况下，当天肯定回不来，最快也得第二天才能回来，是我主动约沙海全晚上来聊一聊，并告诉他周川外出不能回来，言外之意是想留沙海全在我家过夜，沙海全也明白其意，因此一直到了夜里 11 点钟也没走。没想到会遇到意外，周川提前回来了。但在周川回来之前，我和沙海全没发生性关系。"

因为沙海全趁周川不在家，就想在人家过夜，在案件起因上有明显过错，所以二审对周川由无期徒刑改为有期徒刑 15 年。故意杀人罪分两种，一种是直接故意杀人，例如割下被害人的头颅，刺破被害人心脏；另一种是间接故意杀人，就是犯罪行为有可能引起被害人死亡的后果，对这种后果持放任态度。周川应当知道自己住在六楼，砍断沙海全的手指他会掉下去，可能会摔死，但他对死亡后果持放任态度，置沙海全的生命于不顾，最终导致沙海全死亡后果的发生。周川的行为符合间接故意杀人的构成要件，因此，二审认为，一审定罪正确。

法律途径行得通，自行“解决”说不清；
直接杀人必定罪，间接致死也不成。

弱女斗智

辽宁省庄河市南尖镇的19岁姑娘于春珍，身材苗条，个头不高，10月4日这天上午9点钟左右，她急匆匆地骑着自行车从未婚夫家往回走。

她骑车到南尖镇大谭村小谭屯东山坡时，因为山坡陡，骑不上去，就下了自行车推车前行。这里虽然偏僻，但于春珍一人行走在这一带，一直都很平安，她并没有感到害怕。这时，从她身后上来一个20多岁的年轻小伙子，问："大姐，我想到栗子房镇怎么走？"

于春珍见他身高体壮，膀大腰圆，彬彬有礼，虽然口齿不伶俐，但还是能听懂他的问话，就耐心告诉他说："这有两条路，如果走山路，虽然不好走，但比较近。如果走大道，距离远，但路好走。"小伙子微笑点头，连声说"谢谢"，然后直奔大道而去。

于春珍推着自行车继续往前走，走过一段坡路就来到山顶。山顶虽然没有参天大树，但路旁满是1米高的蒿草和一人高的树丛。这时，刚才问路的那个小伙子突然从一片树丛中蹿出，彬彬有礼的表现没了，他凶狠地蹿到于春珍跟前，拽住于春珍就往路旁的树丛中拖。

于春珍惊慌之际心里纳闷：他是什么时候绕到我前面的呢？刚才还是文质彬彬，怎么突然间就变得凶狠残暴？于春珍喊叫，这个人就捂她的嘴，掐她脖子，生拖硬拽给拖到树丛里。

于春珍这才意识到自己遇上了歹徒，赶紧大声呼喊“救命”。这个歹徒就用左手捂她的嘴，不让喊。于春珍趁势狠狠咬住这个人的手指头，这个歹徒“啊”了一声，迅速抽回左手，一看，手指鲜血直流。这个歹徒气急败坏，瞪着穷凶极恶的双眼，疯狂地把她按倒在地，撕破她的上衣，歹徒手指上流出的鲜血在于春珍的胸前留下一道道鲜红的血印。这个歹徒伸出一双像钳子一样的大手，向于春珍的脖子上掐去，就想掐死她。

于春珍马上意识到，自己的处境很危险，如果跟他硬打硬拼，无异于以卵击石，根本打不过他，必须另想办法。她突然急中生智，对这个歹徒说：“大哥，你看我对象在后边马上就要上来了，我求求你，你赶紧把我的自行车推到路旁的树丛中，放倒，别让他看见。他如果看见我的自行车，就会在这附近找我。他如果发现咱俩在一起，他就不能跟我结婚，就不能要我了。我求求你，你赶紧把我的自行车放倒在树丛中，千万别让他看见。”

聪明人不犯罪，犯罪的人不聪明。这个歹徒是个彻头彻尾的笨蛋。他以为这个小姑娘在他的淫威下屈服了，没加思索，乖乖地跑到路边去推自行车，想把这个自行车藏到树丛中。他没想到，当他离开这个小姑娘去推自行车时，小姑娘爬起来拔腿就跑，跑进山顶的蒿草与树丛中，她边跑边喊“救命”。这个歹徒一看上当了，骑着自行车仓皇逃窜。

于春珍一口气跑到附近的南尖镇派出所报案，并且详细描述了这个歹徒的体貌特征、说话特点和他骑走了自己的自行车的情况。公安人员根据她提供的线索和信息情况，沿途走访，很快就将这个歹徒抓捕归案。

这个歹徒在公安机关交代，他是辽宁省丹东东港市（县级市）菩萨庙乡的农民，叫杜善一。昨天，他到亲戚家串门，今天想回家，在回家的路上，遇见这个孤身一人在山坡的土路上行走的女人。他认为，在这荒山秃岭上没有行人，这个小姑娘孤立无援，如果对她下手，一定会如愿以偿，他就临时起意，没想到，自己没斗过这个身单力薄的弱小女子。

聪明的弱小女子于春珍凭借智慧和冷静，战胜了穷凶极恶的歹徒，保护了自己。

案件起诉到法院，法院经过开庭审理，认定被告人杜善一犯强奸罪、抢劫罪，对其进行数罪并罚。于春珍虽然免于被害，但这是被害人用聪明智慧战胜了歹徒，而不是被告人主动中止侵害，因此，这个歹徒还是受到了法律的严厉制裁。

凭力气很难逮住一只老鼠，
凭智慧能战胜猖狂歹徒。

两男贪色

辽宁省鞍山市辖区内有个县级市——海城市，这里生产各种各样的箱包，样式美，款式新，价格低，许多小商小贩到这里批发，然后到外地销售。从这里开往沈阳有一列 533 次短途列车，基本上就是为这样的客商开设的。人们不难发现，从海城上车的旅客，大部分都是大包小裹，带的全是箱包。

有一天，这列火车驶进沈阳终点站停下了，旅客们带着各自的包裹纷纷下车，走在最后的旅客看见座位下有个大包没人拿，以为是哪位旅客遗忘的，他搬了搬，想拿走，但没搬动，临下车时把这个情况告诉给列车员。

车上发现了遗失物，这个包裹很大、很重，列车员们搬了搬，觉得不像是一般的包裹、货物，就把发现的这个情况告诉给列车乘警。后来将其打开，发现里面是用塑料布包裹的许多包男性尸块。这是一起残忍的杀人碎尸案。

当然，列车上不是杀人现场，那么杀人现场在哪儿？一般人都会认为，这样的案件没法侦破，因为找不到杀人现场，很难找到破案线索。可是人们想错了，公安人员没费多大力气，根据死者的指纹确认他是山东省莱西县南墅乡的康立忠。

康立忠曾经因为犯盗窃罪被两次判刑。公安人员来到他家，经了解知道他正在辽宁省海城市王石乡经商。公安人员顺藤摸瓜，到当地很快找到了犯罪嫌疑人姚财库。公安人员搜集到一些证据，随后讯问姚财库。在大量证据面前，姚财库交代了杀人犯罪事实。

原来，康立忠到这里做生意，结识了姚财库，两人很快就成了好朋友。有一次，他俩在饭店喝酒，席间闲唠，就扯到女人问题上来。康立忠由于发现姚财库与当地的中年妇女佟春来往多，怀疑他俩关系不正常，就用话语打探，说："现在有的人喜欢交朋友、处'铁子'，你年轻，有钱，是个精英，应该有个女朋友伴你生活。"

姚财库虽然很聪明，做生意是好手，但对康立忠的巧语打探没识破，还认为是在夸自己，就炫耀说："不怕大哥笑话，我已经联系了一个女人。"

康立忠又进一步问："你会生活，别苦了自己。该挣钱就挣钱，该享受就享受，你不能像我这样窝窝囊囊的。你联系的这个女人怎么样？"

"这个女人你认识。"

康立忠其实早就看出来他和佟春关系不一般，但故作惊讶，问："谁？谁？"

"佟春。"

康立忠说："佟春是个好人，机灵，你有眼力。光联系不行，还得和她干那种事。"

聪明人有时也会干傻事、说傻话。姚财库犯傻了，竟然跟康立忠说："不光是干那种事，也常常在一起住，跟自己老婆一样，就差没登记了，甚至比自己的老婆还好，从来没吵过，没闹过，没红过脸。"

"你真行，真有手腕儿。"

姚财库说："我挣的那些钱，自己吃不了，我也不想买轿车，不想买楼房，就往她身上花点儿吧。当然我也不亏待我老婆。"姚财库这叫家里旗不倒，外边彩旗飘。

康立忠又继续探询："她丈夫如果知道了不能让。"

姚财库说："其实，她丈夫早就知道了，甚至有时还主动让方便，只不过是这件事没明说，没被他看见。佟春把钱拿回家，他才不管那些闲事呢！另外，我也掌握一个原则，我不想破坏他们家庭，不想和佟春结婚，就是保持一个家庭两个丈夫，这样对双方都有利，她丈夫也不反对。"

康立忠对于要了解的问题巧用话语探明白了。他暗想："表面上看，佟春文质彬彬，文明正派，没想到这种人背地里也干见不得人的事，只要给钱，什么事都干，真是有钱能使鬼推磨。"

佟春虽然不能说长得漂亮，但体态丰满，会打扮，口才好，能说会道，招人喜欢。康立忠确信，只要有钱佟春这个堡垒就能攻破。虽说"能穿朋友衣，不占朋友妻"，但佟春毕竟不是姚财库的妻子，跟妓女差不多，给钱就能行，碰她一下也没什么大问题。是狗都吃屎，是猫都贪腥。康立忠由于从姚财库那里知道佟春得到钱就会上钩，于是在寂寞难耐的时候，就用钱财当诱饵，让佟春上钩。没过多长时间终于跟佟春勾搭成奸。

佟春毕竟跟姚财库通奸时间长，感情深，她知道姚财库跟康立忠两个人要好，也没把这件事看得很重，就把她跟康立忠通奸的事对姚财库说了。

本性放荡的人根本不知道这个问题的严重性。她没想到把这件事告诉给姚财库会引起怎样的后果。姚财库听了，比自己的老婆被人奸淫了还来气。因为他已经跟康立忠说了，佟春跟自己的老婆一样，就差没登记，甚至比自己的老婆还好，自己就是要搞一个丈夫两个妻子，在这种情况下，康立忠还跟佟春建立通奸关系，这不仅是欺负朋友，而且是道德败坏。

认为朋友道德败坏，可以跟他疏远，甚至断绝来往，但姚财库不是这样。他一见康立忠就来气，一股夺妻的深仇大恨挥之不去，后来竟产生了要把康立忠干掉的想法。他甚至认为，不把他干掉，康立忠就会用很多的钱把佟春从自己身边勾走。

怎么干呢？尸体怎么处理？这时他想起了从海城开往沈阳的 533 次列车。乘坐这次列车的许多人都带着大包裹，他就买了一个最大的帆布包拿回家，准备把康立忠干掉后用它装尸体，然后把这个大包扔到这趟列车上。他把这个大帆布包拿回家放了许多天，也没遇上适当机会。他没想到，发案后，他的妻子竟认出这个大帆布包是他们家的，这成了认定姚财库杀人的重要证据之一。

要杀人，机会总是有的。他的岳母突然患病住院，不管是白天还是黑夜，都需要照顾。他妻子到医院去了，晚上不在家，他就利用这个机会，把康立忠骗到家，把他灌醉将其打死，然后肢解，用准备好的塑料布将尸块包好，装进这个大帆布包，扛到火车站，买车票上了开往沈阳方向的第533次列车。坐了一段，到鞍山站他就弃包下车回家了。

他本以为这样的案件公安机关无法侦破，万万没想到，没过一星期，他就被公安机关抓获了。辽宁省鞍山市中级人民法院以故意杀人罪对其判处了严厉的刑罚。

两个男人争风吃醋，造成悲剧。这种事从古至今，在人间一遍又一遍地反复上演。但愿这种事以后少一些。

贪财，灾祸必来；贪色，灾祸躲不过。

从事卖淫

农村姑娘罗芬听信人言，认为在农村靠种地挣钱太辛苦，到城里卖淫挣钱快。先挣钱，后结婚，忍痛一阵子，享福一辈子。于是她进城“打工”去了。

进城后，她什么活儿也不干，租了一间小房儿，专门从事卖淫活动。有时把嫖客领到家，更多的时候是在荣康大酒店多功能厅陪人跳舞，挣陪舞钱；遇到嫖客，就在这个酒店里开个钟点房间，从事卖淫活动。时间一长，这个酒店里的许多人和经常到这里来跳舞的人都知道她是卖淫女，以卖淫为生。

秋末冬初，农村不太忙了，罗芬父母给她打电话，说是今天到市里来看望她，火车在晚上 7 点多进站，罗芬答应准时到火车站去接。罗芬在荣康大酒店里“营业”了一天，下午 5 点多钟她走出酒店，准备回家简单收拾一下，再去火车站迎接父母。

她从荣康大酒店的多功能厅出来，走进电梯，刚出电梯来到一楼接待大厅，就被坐在沙发上的隋乃洪、于茂生和丁来运三个年轻人看见了，他们经常来跳舞，认识罗芬；也知道她是卖淫女。隋乃洪站起来对她说:“你出去吗?我们到上面待一会儿呗!”

罗芬见有人跟她说话，而且觉得这个人挺面熟，就说:“我出去一趟办点儿事。”

隋乃洪觉得她能有什么事呢，她是卖淫女，对她来说，没有什么能比揽生意挣钱更重要。就对她说:“今天我们哥儿三个都到齐了，我们一起到上边玩一会儿。”

罗芬闻到他身上一股酒味，不想和他多说，再加上自己确实有事，就说:“我今天有事。”说完头也不回就急忙往外走。

隋乃洪觉得罗芬当着于茂生和丁来运的面对他心不在焉，冷若冰霜，感到很下不来台。心想:“你是个卖淫女，最下贱，是社会的最底层，有什么了不起!怎敢对我爱搭不理!”他追上去拽着罗芬的衣服说:“我们今天想让你陪一下，钱不少给你，你别走。”说完就使劲往回拽。

罗芬虽然是个卖淫的，但她也有尊严。在大酒店的接待大厅这样的公开场所，一个男人竟然跟她说“陪一下，钱不少给你”这样的话，比骂她还难听。她认为隋乃洪是喝醉了，耍酒疯，就一甩胳膊走出了酒店的门。隋乃洪的身后坐着于茂生和丁来运，这使他很丢面子，再加上罗芬是个卖淫女，其地位和身份在他眼里不如一只狗。他肆无忌惮地追上去，说:“今天我们哥儿三个想让你陪一下，要多少钱给多少钱。走!”说完就使劲拖拽。

罗芬再一次使劲甩他，但由于隋乃洪拽得太紧，没甩开，两个人竟然在酒店门口厮打起来。坐在大厅沙发上的于茂生和丁来运看到了，也都出来对罗芬说：“你不就是挣这个钱的吗！今天怎么不干了呢，你装什么文明？”

罗芬不跟他们说什么，就是一个劲儿地想挣脱，以便及时到火车站接父母。可是这三个人哪里肯饶，他们也不说什么，就在罗芬的脸上、身上乱摸，进行猥亵。他们认为，卖淫挣钱就是人渣，有什么人格和尊严！

这时接近6点钟。由于是秋末冬初，天色已经黑下来，路边的路灯也亮了，但酒店门口繁华热闹，车水马龙，川流不息。罗芬觉得在光天化日之下被人侮辱了，就跟他们厮打、号叫。这三个人看见有人走来，怕遇上麻烦，就在笑声中离开这里回到酒店的接待大厅。

罗芬孤立无援，跟他们打肯定打不过，想骂不敢骂，想说不知向谁说，觉得自己被人侮辱了，很委屈，就坐在酒店门口的路中央，胳膊搭在膝盖上，脸趴在胳膊上低头哭泣。

世间真有许多巧合，致使出现了一系列意想不到的悲剧。就在罗芬坐在地上哭泣的时候，竟有一个醉汉驾驶一辆黑色轿车从远处驶来。罗芬身材本来就矮小，坐在地上，目标更加不明显。醉汉驾车疏于瞭望，竟然没看见她，驾车奔她而来。幸好，这辆轿车并没轧上她的身体，而是撞了她的胳膊肘，把她撞倒。醉汉并没发觉，驾车继续前行。

罗芬被撞倒，目标更加不明显，路上的行人看到这一情景，惊愕万分，知道很危险，还没来得及把她拽走，醉汉的轿车之后，又有一辆轿车驶来，从她身上碾过，这一下罗芬没命了。

发生了这样的事，出人命了，司法机关当然要依法处理。

隋乃洪、于茂生和丁来运三个人在繁华的酒店门口强行猥亵妇女，人民法院根据《刑法》第二百三十七条第一款规定，认定他们犯有强制猥亵妇女罪，并根据各自的不同情节，判处了不同刑罚。

对这两个肇事的司机处罚就比较麻烦了。醉汉司机说：“死者是被别人轧死的，与我无关。”经查，罗芬的右胳膊肘被撞伤，醉汉轿车的前保险杠有撞痕，是他轿车的前保险杠撞到了罗芬右胳膊肘。由于轿车的前保险杠低，也证明罗芬当时确实不是站立或行走，对这一点，还有旁观者证实。但经过肇事四小时之后的测量，仍然检测出他饮过酒，证明肇事与他酒后驾车有关，对此，醉汉司机也不得不承认。

后面的那位司机对轧死人的事实无话可说，因为死者确实是死在他的车轮之下，他不得不承认，但他对肇事的情节辩解道：“由于与前面的车距太近，前面的车把人撞倒，被害人倒地目标不明显，当看见有人躺在地上时已经来不及刹车，面对这个情节，请求法院从轻处罚。”

人民法院经过开庭审理，查明案件事实，不仅追究了这两位司机的刑事责任，还判令他们赔偿被害人的经济损失。

卖淫者无尊严，失去尊严容易招侵犯。

一次嫖娼

孔伟，34 岁，是中学语文教师。他听别人说，在车站、码头、广场、公园、旅店等一些公共场所，有时能遇到主动上前跟你搭话的娼妇。对这些道听途说孔伟如风过耳，根本没往心里去。

一天下午，他到沈阳北站去买预售票，买完往回走，在车站广场上迎面走来一位 30 岁左右的妇女，主动问他："同志，住宿不？"孔伟不认识她，没想到她会跟自己说话，没有思想准备，对她的问话好像没听到，继续往前走。他知道一个人出门在外，对陌生人的主动搭话最好不予理睬。但他刚走几步，突然想到这位妇女难道是卖淫者，孔伟回头看了看她。这位妇女见孔伟回头，又跟上来问："同志！住宿不？我们那里条件好，价钱便宜，也可以按钟点休息。"

"什么是钟点休息？"孔伟问。

她说："可以临时休息，按小时付钱，休息多长时间都行。"

孔伟问："休一小时多少钱？"

"休两小时以内一般是 20 元，就看你要什么条件的，条件全的要贵一些。”说完，这位妇女两眼盯着孔伟，想从他脸上捕捉到她想知道的信息。孔伟也端详这位妇女，从她的表情、眼神上断定，她一定是个揽客的卖淫女。

孔伟由于已经买完车票闲暇无事，出于好奇，就跟她多聊了几句，这一聊被她黏上了。这位妇女一看很有希望，一边跟他唠，一边动起手来，软磨硬泡地拽他说：“走！离这不远，你去看看，不住不要紧。”孔伟像个俘虏被她拽走了。

那是一处个体旅社。这位妇女叫来了服务员，开了一个房间，问孔伟：“怎么样？这里安全，你愿休息就休息，两小时 20 元，如果有心情，由我或者由别人陪你唠嗑，干什么都可以，但你得另外拿 50 元。”

孔伟明白了，立刻惊愕。心想：“怎么走到这里来了呢？要是让学校的老师和同学知道，这成什么事了！”这位妇女见他犹豫，就说：“哎呀！没事的，什么事都没有。”说完，她转身把门插上，说：“谁来也不给开。”她接着说：“你总计给 50 元吧。用戴套不？”

“得戴。”孔伟光说话没有动作，而这位妇女就开始脱衣服。她很快就脱光了，甚至把袜子都脱了，然后拿着避孕套对孔伟说：“快脱！脱完我给你戴上。”

此时的孔伟说不清什么心情，既三心二意，又忐忑不安。想尝一把鲜又怕出事；如果拒绝，又怕错过这个机会；想拒绝这位妇女另找年轻漂亮的，又没好意思开口。在这位妇女的催促下，孔伟解开了自己的衣服纽扣。

这位妇女见他动作太慢，就上来帮他解。

“咚，咚，咚，咚”，有人把房门敲了四下，稍有停顿，紧接着又敲四下，“咚，咚，咚，咚”。

听到敲门声，孔伟吓得面如土色，惊慌失措；而那位妇女听到有节奏的、非正常的敲门声却心中有底，她知道门外是谁，所以不仅神色不惊、稳如泰山，竟然还光着身子去把门给打开。门一开，闯进两个小伙子，年纪跟这位妇女差不多，都是 30 岁左右。这两人进屋后一边插门，一边亮出警官证，说：“我们是派出所派来抓卖淫嫖娼的，今天你们两个被抓住了，怎么办？卖淫嫖娼犯法，按照《治安管理处罚法》的规定，对卖淫嫖娼者要处以罚款。”

孔伟说：“我没嫖娼，她也没卖淫，我只是到这里临时休息一下。”

其中一个“警察”指了指这位妇女，又指了指床上的那个避孕套说：“既然没卖淫嫖娼，你怎么把衣服脱光了呢？既然没卖淫嫖娼，这个避孕套是怎么回事？”孔伟被问得张口结舌，无言以对。这位妇女则毫不犹豫果断地说：“我是卖淫的，他是嫖娼的，我们讲好了价钱是 50 元。”孔伟极力否认，那位妇女就主动承认自己卖淫。这一现象使孔伟突然明白了：“这是一场骗局！这两个男子绝对不是警察，这个女子一定与这两个男子是一伙的，他们想敲诈我的钱财。”

孔伟想跟他们展开斗争，但又一想，如果这样斗下去，有可能造成很大舆论影响，对自己不利，就问：“你们想罚多少钱？”

一个“警察”说：“这要看你们两个人的态度。态度好的，每人罚三千，态度不好的，每人罚五千。”这个女的马上说：“我们认错，别罚太多，我们认了，请你们只罚我们每人三千，求求你们，别罚五千了。”

孔伟原来以为他们敲诈一两千也就罢了，没想到要这么多。就说：“我浑身上下都加一起也没有一千，把我身上的钱都给你们吧。”

一个“警察”说：“你们两个身上的钱都留下，身上所有证件都留下，不够的部分，你们明天拿钱来取回被我们扣押的证件。”

孔伟这时来了聪明，说：“我打电话让我亲属往这送钱。”

一个“警察”把从孔伟和那个妇女身上搜到的钱放在一起，数了一下，刚过一千元，就对孔伟说：“你告诉你的亲属，往这里送五千元，每人罚你们三千，让他快一点儿！”

孔伟拿出手机，没给亲属打电话，却拨通了110，说：“我在这里嫖娼，被两名警察抓住了，情况紧急，请你快点送来五千元。快！快呀！”随后报出了自己所在旅店的名称和房间号。

过了一会儿，那个女的给“警察”递个眼色，其中一个“警察”警觉起来，把孔伟的手机夺过去，问：“你刚才给谁打电话了？”

“给我亲属。”

“哪位亲属？”

孔伟一边思考，一边吞吞吐吐地说：“给我姐姐打电话。”

那个“警察”看了一下刚才打通的电话号码，原来是110，立刻紧张起来，正要对孔伟采取进一步行动时，房门被打开，迅速闯进屋里几个警察。这几个人是接到孔伟的报警电话后，知道情况紧急，立即赶到这里的。

这几个警察进屋后，让孔伟和那个女的把衣服穿好，然后把他们统统领到派出所。检查了抓卖淫嫖娼那两位“警察”的警官证，发现他们的警官证是伪造的。经过进一步调查，事情真相大白：原来这两个假警察，一个是那位妇女的丈夫，另一个是那位妇女丈夫的朋友，他们三人合谋，以这种方法多次敲诈勒索他人钱财。

对这件事，司法机关通告给孔伟所在的学校，孔伟受到了严肃批评；那两位假警察和那位妇女，被法院认定犯敲诈勒索罪，判处了他们不同的刑罚。

邪道敛财，灾祸必来。

风流韵事

沈阳郊区的杜吉文经人介绍，到山东省青岛市承包了一个小工厂。他苦心经营三年，再加上自己省吃俭用，好不容易才在承包三年期满后挣到了 7 万元，虽然不多，但这三年总算是没白干。

杜吉文把自己的被褥和衣服等日用品和 7 万元现金装进两个大包裹，用小锁头锁好，汗流浃背地挤上了去往沈阳的火车。到了火车上，他把包裹安顿好，把挎在身上的黑提包放到头上的行李架上，刚刚坐定，坐在他对面比他大不了几岁的一个中年人首先跟他说话："你到哪儿去？"

"回家，到沈阳。"

杜吉文要回家，很快就可以跟家人见面了，因为带回来不少现金，所以情绪正佳，也就跟眼前这个人兴致勃勃地攀谈起来。对方自我介绍说，他叫葛亮，是青岛一家工厂的销售员，经常跑外，也经常到沈阳，这次到沈阳就是为工厂催要一笔欠款。

在攀谈中，杜吉文发现这个人说起话来滔滔不绝，十分健谈，觉得他见多识广，朋友多、路子宽，颇有能耐，不由得对他产生几分敬意。不一会儿，两个人就像久别重逢的老相识，无所不谈，越唠越近乎，别的旅客已经进入梦乡，他俩仍在低声细语。

葛亮说："我以前出差我爱人不管，但这次是为工厂要钱款，我爱人不让去，怕跟人家打起来，还把我的身份证藏起来，下火车住宿可能要遇到困难。"

杜吉文说："到了沈阳，就像到了我的家。我家在郊区，到沈阳后天色就不早了，我也得在沈阳住一宿，第二天才能往家返。你住宿有困难我可以帮你。"

葛亮说："那就麻烦你了！对了，要不你跟我到我朋友家去住，既省钱，又方便，怎么样？"

"你朋友家能住得下吗？"杜吉文很客气地问。

"她家俩屋，保证没问题，照顾周到。像你这样一年到头在外光挣钱，该享受的时候，也得享受享受，风流风流，不能在世上白混。"

杜吉文一听"享受""风流"，便明白了几分，惊喜地说："行，行，我跟你去。"

沈阳站到了，葛亮热情地帮杜吉文提着两个大行李，走出站台。站台外面有个寄存处，他俩把这两件行李存到这里，寄存处给杜吉文一个取包裹的小铁牌，杜吉文就把这个铁牌儿装进了自己随身携带的那个挎包里。这个挎包里也没什么贵重东西，主要是牙具、手巾、手纸、饮料、小食品等。经过了一番周折，终于找到了葛亮的朋友，也就是出租车司机刘小姐。见了面搭话，刘小姐心领神会，开车把他俩送到家里，一会儿又找来了一个更加美艳的张小姐。

四个人在一起吃了一顿晚饭，杜吉文慷慨解囊，一副潇洒做派。晚饭后，他们回到刘小姐的住处，这时天色已黑。杜吉文把他那个随身携带的挎包往茶几上一扔，急不可待地对葛亮说："怎么住？快安排啊！"不一会儿葛亮作出了安排：刘小姐领着杜吉文走进西屋，到那里去共度良宵，而葛亮则和张小姐留在原处的东屋，没离开这里。

夜里活动不必细说，杜吉文一觉醒来，感觉很舒服，觉得遇见了葛亮这么一个好朋友，是一生中的幸事。天亮了，他穿了衣服，十分大方地掏出两张百元大票，递给刘小姐，两人一起返回了东屋。

进了屋，只见张小姐一人在屋，杜吉文便问起了葛亮。张小姐说："他出去买烟，一会儿就回来。"三个人说笑了好一阵，仍然不见葛亮踪影，杜吉文这才感觉有些不对。他想起了扔在茶几上的自己那个挎包，打开一看，顿时傻了眼，装在里面的证件和寄存处给的那个取东西的小铁牌不见了，他立刻大呼起来："他跑了！跑了！"张小姐见状，哭丧着脸说："他还没给我钱呢！"

他们三人急三火四地赶到沈阳站，到那个寄存处一看，杜吉文的两个大包裹不见了。寄存处的人告诉说："这两个大包裹在一小时前已经被人领走了。我们寄存处只认取货的小铁牌，不认人。你把取货的铁牌儿弄丢了，个人负责。"

杜吉文说："那是我三年的血汗钱啊，连钱带物，足足有7万多元！"他捶胸顿足，追悔莫及。然而，一切都无济于事。此时的他已经身无分文，怎么回家？怎么向家人交代？

他跟刘小姐说："葛亮是从你家里把我的东西偷走的，你应该帮助我查找。”刘小姐说：“我也不知道他的真实姓名和住址，他只是以前在我这里住过。这是我租的房子，我是为别人开出租车，以客运为生，我对葛亮不熟悉，也不了解他。我还以为你们是好朋友呢！”两个人争吵了一番以后，杜吉文也万般无奈，只好自认倒霉。他死乞白赖地从刘小姐那里又要回了他那 200 元的“宿费”。

杜吉文来到派出所报案，说明情况。过了一段时间，自称“葛亮”的这个人被抓获，原来他的真实姓名叫徐学禄，是个刑满释放的无业人员，到处流窜作案。他虽然被抓获归案，但他取走杜吉文的钱财和东西，已被挥霍一空，无法追回。

出门不警惕，容易遇悲剧。